LES AVOCATS

COMÉDIE-VAUDEVILLE EN TROIS ACTES.

PAR

MM. DUMANOIR ET CLAIRVILLE,

Représentée pour la première fois, à Paris, sur le Théâtre du Gymnase, le 9 août 1852.

Distribution de la pièce.

GRANDIER, avocat, 50 ans.	MM.	DUPUIS.
BLÉSINET, id. 28 ans.		GEOFFROY.
BRISARD, id. 35 ans.		LESUEUR.
COQUARDEAU, id. 35 ans.		VILLARS.
ARMAND VALIÈRE, rentier, 30 ans.		LAFONTAINE
PITOU, paysan normand.		PRISTON.
UN GENDARME.		LOUIS.
ESTELLE, femme de VALIÈRE, 22 ans.	Mlles	FIGEAC.
HENRIETTE, femme de chambre.		BÉRANGÈRE.

PLAIDEURS, PLAIDEUSES, etc.

UN DOMESTIQUE de Grandier, au 1er acte.

UN DOMESTIQUE de Valière, au 3e acte.

La scène est à Paris, au 1er acte chez Grandier. — Au 2e acte à la salle des Pas-Perdus. — Au 3e acte chez Valière.

NOTA. S'adresser pour la musique à M. Jubin, bibliothécaire et copiste au théâtre.

ACTE PREMIER.

Un grand cabinet de travail. — Plusieurs corps de bibliothèque. — Des casiers.—Un bureau couvert de livres et de papiers, à gauche au premier plan. — Porte au fond, portes latérales. — A droite, au premier plan, un bureau debout. — Au fond, une table couverte de papiers, dossiers, etc. — A gauche, au deuxième plan, une cheminée.

SCÈNE PREMIÈRE.

GRANDIER, PITOU.*

(Grandier est assis au bureau et feuillette des papiers; Pitou, assis auprès de lui, tient son chapeau sur ses genoux.)

PITOU.

V'là ce que c'est, monsieur l'avocat... v'là le fond de l'affaire... dont de quoi il découle que Jean Pichu, qu'est mon cousin, du côté de ma tante, a toujours gagné, gagné sur mon pré... un terrain qui produit de si bon foin, sauf vot' respect, que les bêtes s'en lèchent les barbes, à trente-cinq centimes la botte... si bien qu'en gagnant toujours comme ça, il m'a dévoré la valeur de ent-cinquante perches... dont je veux rentrer dans mon sol, et que je redemande mon sol à la justice...

GRANDIER, *se lève et va poser un papier sur le bureau debout, à droite.*

Vous vous appelez, mon ami ?...

PITOU, *faisant pivoter sa chaise pour être en face de Grandier.***

Isidore Pitou... vingt-huit ans... C'est pas tout... v'là-t-il pas qu'en gagnant, gagnant toujours, Jean Pichu est arrivé tout dret jusqu'à mon enclos, et v'là-t-il pas qu'il prétend que le mur est mitoyen!... là-dessus, le mur, qu'est vieux, s'écroule... et v'là-t-il pas que Jean Pichu soutient à c'te heure qu'il n'est plus mitoyen. *(Grandier va prendre un dossier sur la table du fond, même jeu de Pitou.)*

AIR : *Adieu, je vous fuis, bois charmant.*

Mitoyen, malgré mes refus,
Quand nous le disputions ensemble.
Il est, d'puis qu'il n'existe plus,
Bien plus mitoyen, ce me semble.
Quand il existait, d'amitié,
J' m'en disais l' seul propriétaire,
Maint'nant j' veux qu'il ait la moitié
Des réparations à faire.

* Grandier, Pitou.
** Pitou, Grandier.

GRANDIER, *revenant.*

Ah ! je comprends !...

PITOU,

Vous comprenez !... donc, pour lors, je demande encore que Jean Pichu soit condamné à me payer douze mille livres de dommages intérêts... même que, si on peut y ajouter un petit peu de prison, ça me sera agréable.

GRANDIER *va jeter un papier sur le bureau debout.*

D'où êtes-vous, mon ami ?

PITOU, *même jeu pour faire face à Grandier.*

De Vire, en Normandie... où ce qu'on cultive les pommes...

GRANDIER, *se rasseyant à son bureau.*

Et les procès...

PITOU.

Mais j'habite présentement à Aubervilliers, où ce qu'est le pré en question... ce qui fait que mon affaire doit être plaidée à Paris.

GRANDIER.[*]

Ainsi, vous êtes bien décidé...

PITOU,

A plaider ! vingt-trois fois s'il faut... et je gagnerai, pas vrai, M'sieu ?

GRANDIER.

Je n'en sais rien.

PITOU.

Par exemple !..., vous, qu'êtes un des plus forts de votre partie !... vous ne me feriez pas gagner ça ?...

GRANDIER, *toujours occupé.*

Mon ami, j'ai perdu deux causes hier.

PITOU.

Pardieu !... si elles étaient mauvaises..., mais vous n'avez donc pas compris ?... Dame ! aussi, c'est qu'au lieu de m'écouter, vous allez, vous venez, vous lisez, vous farfouillez... Tenez, v'là l'affaire... Jean Pichu, qu'est mon cousin, du côté de ma tante, ayant toujours...

GRANDIER.

Ayant toujours gagné, gagné... je sais... mais voilà des pièces qui ne présentent pas les choses tout à fait comme vous... et dont votre adversaire pourrait même tirer parti pour vous intenter une action reconventionnelle.

PITOU, *se levant.*

Reconventionnelle ? connais pas... je connais que mes cent-cinquante perches... et je veux plaider !... (*Grandier prend du papier et écrit.*) J'ai quitté Vire pour plaider, et je plaiderai !...

____

[*] Grandier, Pitou.

Savez-vous, M'sieur, que je suis le seul de mon endroit qui soit majeur, vacciné, électeur, et qu'ait pas encore eu de procès... et dame !* (*Pitou est en face de Grandier, de l'autre côté du bureau.*) vous comprenez, on est mal vu... Je tiens à la considération publique, je veux plaider...

GRANDIER.

Allons, soit... combien estimez-vous vos cent-cinquante perches ?...

PITOU.

De bons pâturages, bien gras ?... dame ! ça peut aller à mille quatre cent cinquante francs.

GRANDIER.

Bien... je plaiderai, c'est convenu... mais, d'abord, faisons nos petits comptes... c'est mon habitude... tenez, jetez les yeux là-dessus. (*Il lui présente ce qu'il vient d'écrire.*)

PITOU.

Quoi que c'est ?...

GRANDIER.

La petite note des frais... assignation, ajournement, réassignation, levée du jugement, plaidoyer, etc.

PITOU, *avec effroi.*

Dix-huit cent nonante-trois francs ?...

GRANDIER.

Dix-huit cent quatre-vingt-treize francs... c'est le compte... sauf erreur ou omission.

PITOU.

Saprelotte !... (*Lisant des yeux.*) Comment !... treize cent nonante-trois francs, rien que pour l'huissier et l'avoué ?...

GRANDIER.

C'est la taxe.

PITOU.

Cinq cents francs pour vous tout seul ?..,

GRANDIER.

C'est mon prix.

PITOU.

De sorte que si je perds mon procès, je perds tout !...

GRANDIER.

C'est la loi.

PITOU.

Et si je gagne, je perds encore quatre cent quarantre-trois fr.!

GRANDIER, *se levant et allant écrire au bureau debout.*

C'est l'usage.

PITOU, *à part.*

Oh! oh! oh!... On m'avait dit que ce vieux gris était le plus

* Pitou, Grandier.

honnête homme de c'te boutique-là... méfions-nous... (*Haut.*)
Voyons, vous ne pourriez pas me passer ça à meilleur mar-
ché? hein?... Plaider, là, d'amitié... pour dix écus?...

GRANDIER.

Cinq cents francs.

PITOU.

Cinq cents!... (*S'emparant des papiers que lisait Grandier et
qui sont restés sur son bureau.*) Rendez-moi mes pièces ! ah ben !
on m'y prendra à plaider contre Jean Pichu, au prix que ça se
vend !...

GRANDIER.*

Comme vous voudrez.

PITOU.

Vot' serviteur, M'sieu... bien le bonjour...

AIR : *Mon cœur à l'espoir s'abandonne.*

(*A part.*)
Ne compt' pas sur moi, mon brave homme!
(*Haut.*)
De mon serment j' vous fais témoin,
Plutôt que d' payer pareill' somme,
J'aim'rais mieux manger tout mon foin!
(*A part.*)
De ses griffes je me dépêtre,
Et m'en vas rôder au palais :
Pour dix écus, j' trouv'rai peut-être
Un p'tit avocat au rabais.

ENSEMBLE.

GRANDIER.

C'est très-bien ; allez, mon brave homme;
Plaider, pour vous, est un besoin ;
Mais, à ce jeu, quoique économe,
Vous mangerez tout votre foin.

PITOU.

Ne compt' pas, etc.

(*Pitou sort par le fond.*)

SCÈNE II.

GRANDIER, *seul.*

Encore un pauvre diable que je détourne du gouffre... du
moins, pour quelque temps... un procès détestable, qu'il aurait
perdu assurément, et que je viens de gagner... sans robe et sans
toque... (*Souriant.*) Voilà comme quoi nos meilleures causes
sont quelquefois celles que nous ne plaidons pas... (*A un domestique qui entre du fond.*) Y a-t-il encore quelqu'un ?...

* Grandier, Pitou.

LE DOMESTIQUE.

Une dame, Monsieur... madame Valière.

GRANDIER.

Madame Valière... Faites entrer... Dix heures! bientôt l'audience... rassemblons nos pièces.

SCÈNE III.

GRANDIER, ESTELLE.

ESTELLE, *à la cantonnade.*

Attendez-moi là, Henriette... (*À Grandier, timidement.*) Pardon, Monsieur... c'est ma femme de chambre qui m'a accompagnée... vous permettez qu'elle attende?...

GRANDIER, *avançant un fauteuil.*

Qu'elle attende le plus longtemps possible, Madame...Veuillez prendre ce fauteuil.

ESTELLE, *à part, en s'asseyant.*

Mon Dieu, comme je tremble...

GRANDIER, *à part, la regardant.*

Voilà une petite comtesse de Pimbèche qui commence de bonne heure... (*S'asseyant à son bureau près d'elle.*) A vos ordres, Madame...

ESTELLE.

Monsieur... excusez-moi... c'est la première fois que... et je ne sais comment vous dire...

GRANDIER.

Il vous en coûte de prononcer ce gros et vilain mot de procès... tant mieux...

ESTELLE:

C'est que l'affaire, dont je désire vous entretenir... est si triste!...

GRANDIER.

Il y en a peu de gaies, Madame... et votre jeunesse, votre figure, ne vont guère avec nos graves débats... Madame est veuve?...

ESTELLE.

Non, Monsieur.

GRANDIER.

Vraiment?... Et monsieur votre mari ne vous a pas épargné cette ennuyeuse démarche?... Mon devoir est de le blâmer hautement... (*S'inclinant.*) Sauf à le remercier tout bas.

ESTELLE, *après un salut de la tête.*

Mon mari ne pouvait pas se charger de cette démarche, Monsieur...

---

* Grandier, Estelle.

GRANDIER.

Ah!...

ESTELLE, *baissant les yeux.*

C'est contre lui que je plaide.

GRANDIER.

Ah ! bien... ah ! fort bien... S'agirait-il d'une... (*Il la regarde.*)
Vous baissez les yeux... c'est cela... titre vi, chapitre v...
de la séparation de corps... un petit coin du Code assez fré-
quenté depuis quelque temps... (*Approchant sa chaise.*) Voyons,
Madame, voyons, contez-moi cela.

ESTELLE.

Monsieur... j'étais la plus heureuse des femmes !...

GRANDIER.

C'est toujours comme cela que l'on commence.

ESTELLE.

La plus heureuse... et la plus fière... car mon bonheur repo-
sait sur la confiance et l'estime de mon mari.

GRANDIER.

Et cette confiance ?...

ESTELLE.

Je l'ai perdue, Monsieur... (*Vivement.*) Sans avoir cessé d'en
être digne !...

GRANDIER.

Ce front et ces yeux l'avaient dit avant vous.... mais... comment? pourquoi?...

ESTELLE.

Le sais-je moi-même, Monsieur?... on m'accuse, on m'outrage, voilà tout ce que je sais.

GRANDIER.

Quoi ! sans le moindre prétexte? et tout à coup?...

ESTELLE.

Oh! non, Monsieur... depuis huit ou dix jours déjà je voyais
bien que mon mari n'était plus le même pour moi... Tenez, c'é-
tait depuis l'arrivée de M. de Bregy, un de mes parents... lieutenant de spahis... qui revenait d'Algérie...

GRANDIER, *à part.*

Aïe !... si l'Algérie s'en mêle...

ESTELLE.

Ses visites étaient-elles plus fréquentes qu'il ne convenait?...
c'est possible... je n'y faisais pas attention... mais mon mari,
qui probablement les comptait et en prenait note, me faisait à
ce propos des observations... dont je riais... quand un incident, bien léger assurément...

GRANDIER.

Voyons l'incident...

ESTELLE.

Un bijou... une bague que mon mari m'avait donnée à ma fête, disparut tout à coup... Soupçonner nos domestiques?... nous n'y pensions pas... Un voleur qui se serait introduit dans notre maison? nul indice, nulle présomption... Je ne sais quelle idée extravagante, insensée, vint à l'esprit d'Armand... C'est mon mari... Mais, à la disparition de cette bague, il mêlait toujours le nom de notre cousin... puis, il reconnut sans doute que ses soupçons étaient ridicules et odieux... car il n'en était plus question... lorsque, il y a trois jours... c'était le soir, Monsieur... mon mari, qui venait de rentrer, s'emporte tout à coup, s'écrie... Ah! je ne me serais jamais attendue à un pareil outrage... s'écrie qu'il est trompé... et, malgré mes prières, mes supplications, refuse obstinément de s'expliquer!...

GRANDIER.

Dès lors, impossible de vous justifier d'une accusation aussi vague.

ESTELLE.

Plus que jamais maintenant... car depuis hier... (*Pleurant.*) je ne l'ai pas revu...

GRANDIER.

Ah diable!...

ESTELLE.

Il voulait partir, faire un voyage... pour fuir notre maison, où, disait-il, il ne pouvait plus être heureux... J'ai prévenu son départ en me retirant chez ma mère, qui m'a dit que le refus de cohabiter avec moi constituait une injure grave et justifiait une demande en séparation.

GRANDIER.

Ah! c'est madame votre mère... la belle-mère de votre mari, enfin... qui vous a dit...

ESTELLE, *naïvement*.

Oh! elle connaît parfaitement la loi, Monsieur...

GRANDIER.

Oui, oui, je sais... les belles-mères sont généralement très-fortes sur le titre vi, chapitre v... Et voilà tout?

ESTELLE, *étonnée*.

Quoi! Monsieur, n'est-ce pas assez?...

GRANDIER, *lui prenant la main*.

Tout cela, Madame, est plein d'intérêt pour vous... pour moi, qui vois couler vos larmes... mais, entre nous, je doute fort que les juges s'émeuvent énormément de cet enfantillage.

ESTELLE.

Monsieur!...

GRANDIER.

Oh! il faut me passer ce mot-là... mon âge me le permet, et le vôtre le justifie... Oui, ma belle petite dame, un enfantillage, dont vous rirez plus tard... avec votre mari...

ESTELLE.

Mon mari !... qui voulait m'abandonner !...

GRANDIER.

Et qui demain peut-être sera à ces petits pieds-là...

ESTELLE, *se levant.*

Quoi ! vous voulez que je retourne...

GRANDIER, *de même.*

Non pas ! il faut un châtiment à sa jalousie... restez chez madame votre mère... (*Souriant.*) sans traiter avec elle les questions de droit... Et avant vingt-quatre heures, un nouvel Orphée ira chercher son Eurydice dans les enfers... Ceci soit dit sans allusion à la chère belle-mère...

ESTELLE.

Ainsi, Monsieur, vous refusez...

GRANDIER.

Eh ! mon Dieu ! mon enfant...

AIR : *De sommeiller encor, ma chère.*

Combien de gens, sur la moindre apparence,
  Chez le docteur portant leurs pas,
Vont, chaque jour, implorer sa science,
Et ses secours pour des maux qu'ils n'ont pas !..
Et nous aussi, médecins des affaires,
Nous avons tous, parmi tant de clients,
  Nos malades imaginaires,
Qu'il faut traiter par des calmants.

Point de procès, mon enfant... du calme, de la patience... et le temps arrangera les choses, que les avocats embrouilleraient peut-être... (*Riant.*) Nous en sommes capables... défiez-vous de nous... Adieu, Madame. (*Il la reconduit.*)

ESTELLE, *s'arrêtant à la porte.**

Pardon, Monsieur... mais... je vous ai fait perdre votre temps... et...

GRANDIER.

Et le prix de la consultation ?... C'est juste... il faut que je touche mes honoraires... (*Il lui baise la main, puis, la voyant étonnée.*) Je suis très-cher, Madame.

SCÈNE IV.

LES MÊMES, BLÉSINET.

BLÉSINET, *ouvrant tout à coup la porte du fond, puis s'arrêtant.***
Ah ! mille pardons... je croyais... je me retire.

* Estelle, Grandier.
** Estelle, Blésinet, Grandier.

GRANDIER.

Mais non!... tu peux entrer... (*A Estelle.*) Mon neveu, Madame... un jeune avocat... (*A part.*) sans causes...

BLÉSINET, *rentrant.*

Veuillez excuser, Madame.

ESTELLE.

J'allais sortir, Monsieur... emportant le refus de M. Grandier, qui ne veut pas m'assister de sa parole...

BLÉSINET, *vivement.*

Hein?...

ESTELLE, *saluant.*

Messieurs... (*Elle sort.*)

SCÈNE V.

GRANDIER, BLÉSINET,

BLÉSINET, *courant au fond.* *

Madame! Madame...

GRANDIER.

Eh bien! que fais-tu donc?...

BLÉSINET.

Ah! mais, c'est que je veux bien l'assister de ma parole, moi... Madame! Madame!...

GRANDIER, *le ramenant.*

Veux-tu te taire!...

BLÉSINET.

Veux-tu te taire?... est-ce qu'on dit jamais ces mots-là à un avocat!... (*Il dépose son chapeau sur un meuble et tient un cigare à la main*).

GRANDIER, *riant.*

Oh! un avocat...

BLÉSINET.**

Sans causes, n'est-ce pas?.. Parbleu! c'est vous qui m'empêchez d'en trouver une... la première... celle après laquelle je cours, comme on court après un omnibus... complet!... et voilà deux ans que j'ai fini mon stage!... je tourne au fruit sec, je passe à l'état de poire tapée... Quelle est cette dame?...

GRANDIER.

Oh! pardieu! tu plaiderais pour elle, toi...

BLÉSINET.

Tout de suite..... et très-longtemps..... une jolie femme!.... j'aimerais assez une clientèle de jolies femmes..... c'est élégant, c'est bien porté..... ce qui n'empêche pas, de temps en temps, un peu de cour d'assises, pour se faire la main..... Ah! quand

---

* Grandier, Blésinet.
** Blésinet, Grandier.

j'aurai une belle affaire criminelle !... Tenez, par exemple... un
mari qui a tué sa femme, en empoisonnant sa bonne, ce qui
a occasionné la mort d'un pompier..... enfin, des choses cou-
rantes, qui se voient tous les jours..... Je plaide, et je prouve
que le pompier est le plus coupable, que la femme a été légère,
que la bonne a eu des torts, et que la seule, l'unique victime
dans cette affaire... est le mari qui les a tués tous !... hein !

GRANDIER.

Bravo ! mais, pour obtenir la confiance des jolies femmes...
et des scélérats... il faut une autre tenue que la tienne...

BLÉSINET.

Comment ?...

GRANDIER.

Que diable ! regarde-toi... tu as moins l'air d'un avocat revenant du palais, que d'un dandy sortant de la maison Dorée...
Toujours un cigare à la bouche !

BLÉSINET.

J'irai fumer à la campagne. (*Il jette son cigare dans la cheminée.*)

GRANDIER.

Des moustaches !...

BLÉSINET. *

Je les couperai..... ça me coûtera..... mais je vous promets
l'amputation.

GRANDIER.

Une petite canne !... un stick !... (*le regardant.*) Tiens, tu ne
l'as pas ce matin !...

BLÉSINET.

Ah ! mon oncle, ne renouvelez pas mes douleurs !... elle était
si jolie, ma canne !..... une petite tête de cerf en argent, avec
des cornes en or ciselé rabattues sur les oreilles et des yeux en
rubis !...

GRANDIER.

Tu l'as perdue ?... tant mieux !

BLÉSINET.

Il y a six jours... Tiens ! je l'ai peut-être oubliée ici !...

GRANDIER.

Chez moi ?...

BLÉSINET, *regardant.*

Non... je ne la vois pas...je dirai à Julien, votre domestique,
de chercher encore... car je suis persuadé que c'est ici...

GRANDIER.

Allons, allons... mets une cravate blanche, fais-toi raser, aie
soin de ne pas retrouver ta canne..... et je te promets une affaire...

* Grandier, Blésinet.

BLÉSINET.

Vrai ?... Songez donc, mon oncle, que je suis réduit à faire des comptes-rendus de police correctionnelle... pour amuser les abonnés !... c'est la partie vaudeville des tribunaux... c'est la chansonnette judiciaire... Tiens ! justement, il faut que j'en fournisse un pour demain à la *Gazette des tribunaux*... on attend la copie... « *La Portiere et le Perroquet..* » ça fera rire.....

GRANDIER.

Les perroquets ?

BLÉSINET.

Non, les portières.

GRANDIER. *

Eh bien ! va écrire ton compte-rendu, là, dans le cabinet de mon secrétaire.

BLÉSINET.

C'est ça..... après quoi, je vous accompagnerai au palais..... (*prêt à sortir à droite et composant.*) « Le greffier appelle l'af-» faire de *madame Tourtebatte*, portière, plaignante, contre le » sieur Jacquot, perroquet et principal locataire.... on voit en-» trer... »

LE DOMESTIQUE, *entrant du fond.*

Une carte pour monsieur.

GRANDIER, *lisant.*

« Armand Valière... » Ah ! bah !...

BLÉSINET.

Encore un client !... est-il heureux !... en reçoit-il !

GRANDIER, *se levant.*

Faites entrer.

BLÉSINET.

Dites-donc, mon oncle, si celui-là ne vous va pas encore, repassez-le-moi... Quand ce ne serait qu'un mur mitoyen, je l'accepte... (*sortant.*) « On voit entrer un perroquet entre deux » huissiers, il est triste, abattu, et on lit sur son visage..... » Qu'est-ce qu'on peut bien lire sur le visage d'un perroquet ?...

GRANDIER.

Mais va-t-en donc !...

BLÉSINET.

Oui, mon oncle... « Et on lit sur son visage... sur son visage... » (*Il sort à droite.*)

SCÈNE VI.

GRANDIER, ARMAND VALIÈRE.

ARMAND, *tenant à la main son chapeau et une petite canne.*

M. Grandier ?...

* Grandier, Armand.

GRANDIER, *debout près de la cheminée.*

Moi-même.

ARMAND.

Je regrette, monsieur, de ne pouvoir invoquer près de vous aucune recommandation... L'affaire qui m'amène est délicate... elle réclamait la parole grave, austère, l'autorité d'un défenseur honoré des juges... et je suis venu à vous, monsieur.

GRANDIER, *s'inclinant et descendant.*

Trop obligeant, monsieur... et je suis désolé de ne pouvoir répondre à votre confiance...

ARMAND.

Quoi ! monsieur, sans m'entendre ?

GRANDIER.

Oh ! la cause est entendue..... Titre vi, chapitre v, n'est-ce pas ?.... avec une bague.... un lieutenant de spahis....ˌest-ce cela ?

ARMAND , *vivement.*

Comment savez-vous ?...

GRANDIER.

Madame Valière sort d'ici.

ARMAND , *vivement.*

Madame Valière !... oh ! alors, monsieur... je n'ai plus qu'à me retirer... Madame Valière vous a confié sa défense...

GRANDIER.

Et je ne l'ai pas acceptée.

ARMAND, *revenant.*

Qu'entends-je !

GRANDIER.

Mais vous comprenez, monsieur, que ce premier refus m'en dicte un second.

ARMAND.

Vous avez refusé !... vous avez donc trouvé sa cause...

GRANDIER.

Aussi mauvaise que la vôtre...

ARMAND.

Plaît-il ?

GRANDIER.

Je n'ai vu là.... pardonnez-le-moi.... qu'une de ces querelles de ménage qui ne devraient pas franchir le seuil de la maison... une de ces causes que je ne plaide qu'avec répugnance, quand elles sont sérieuses..... et que je ne plaide pas du tout, quand...

ARMAND.

Quand elles ne le sont pas ?... Ah ! c'est que madame Valière ne vous a pas tout dit..... et elle ne pouvait tout vous dire... elle ignore encore, elle ne soupçonne même pas la circonstance qui aggrave le plus sa situation...

GRANDIER.

Que dites-vous ?

ARMAND.

Une pièce irrécusable, monsieur, une preuve matérielle !.... mais je dois m'arrêter..... puisque vous lui avez refusé votre appui... que vous semblez disposé à me refuser à moi-même...

GRANDIER.

Comment ! vous persistez !.... Tenez, je me suis intéressé à cette pauvre petite femme, que j'ai vue là, tremblante, éplorée...

ARMAND.

Et moi, monsieur, j'ai le cœur brisé !... j'étais si heureux !.. je l'aime tant, ma... (*vivement*). Non ! je ne l'aime plus !... je veux une séparation éternelle !...

GRANDIER, *à part*.

Titre VI, chapitre V.

ARMAND, *plus calme*.

Je ne puis insister, monsieur, et il ne me reste plus qu'à vous demander un dernier service..... c'est, du moins, de me guider dans le choix d'un défenseur...

GRANDIER.

Ah ! diable ! c'est délicat..... vous nommer un de mes confrère, c'est exclure les autres...

ARMAND. *

Eh bien !... maître Brisard ?

GRANDIER, *avec effroi*.

Maître Brisard !...

ARMAND, *étonné*.

Une des notabilités du barreau.

GRANDIER.

Et un homme de talent, pardieu !... mais tenez, puisque je me suis trahi... bah !... je vais vous en dire un mal affreux..... ça se fait, entre confrères... c'est reçu au palais... et au théâtre... Voulez-vous le sarcasme, l'épigramme, la satire... voulez-vous le coup de griffe qui égratigne, le coup de dent, qui déchire et emporte le morceau... prenez Me Brizard !

AIR : *Ces postillons.*

Aux premiers mots, sa verve atrabilaire,
A qui toujours il faut un patient,
Frappe, à droite, sur l'adversaire,
Frappe, à gauche, sur le client !..
Oui, s'il le faut, même sur son client !
Ah ! que je plains l'imprudent qui s'expose
Aux rudes coups d'un pareil défenseur !..

* Armand, Grandier.

ARMAND.
Qu'importe enfin ? Vous gagnez votre cause !..
GRANDIER.
Et vous perdez l'honneur !

ARMAND, * à part.
Exagération de confrère !... (haut.) En ce cas..... maître Coquardeau ?

GRANDIER, gaîment.
Oh ! celui-là, c'est différent... c'est l'avocat plaisant... l'orateur badin... au civil, il égaie la séparation de corps par le calembour..... au criminel, il tempère agréablement l'assassinat par le quolibet... il amuse le public, déride le tribunal..... fait rire les gendarmes !... c'est Turlupin qui a échangé son chapeau pointu contre une toque... quand Coquardeau plaide, on serait tenté de prendre le Palais de justice pour un grand théâtre, l'auditoire pour un parterre, le greffier pour un contrôleur..... si le rire, éclatant de toutes parts, ne nous avertissait que nous ne sommes pas à la Comédie française....., Bref, avec Coquardeau vous obtiendrez la séparation ; avec Brisard, elle est prononcée d'avance.

ARMAND, à part,
Je prends Brisard !.. (haut.) Je vous remercie, monsieur... et je me retire.
GRANDIER, allant ouvrir la porte de droite.
Je suis moi-même attendu au palais... et je vous demande la permission... (appelant.) Blésinet !..

SCÈNE VII.

LES MÊMES, BLÉSINET.

BLÉSINET, relisant des yeux la copie et ne voyant pas Armand.
Me voici, mon oncle, nous partons pour le palais ?...
ARMAND.
Ah ! monsieur... est avocat ?...
BLÉSINET, levant la tête,
Hein !... quelqu'un !...
GRANDIER. **
Et mon neveu..... Pardon, quelques pièce à rassembler dans ce cabinet... mille regrets, monsieur... votre serviteur. (Il sort à gauche.)

* Armand, Grandier, Blésinet.
** Grandier, Armand, Blésinet.

SCÈNE VIII.

ARMAND, BLÉSINET.*

BLÉSINET, *le regardant, tout en rangeant ses feuilles.*
C'est le mur mitoyen.

ARMAND, *à part.*
Son neveu !... qu'il doit sans doute assister de ses conseils !...
un autre lui-même !... Voilà mon affaire !

BLÉSINET, *à part.*
Il paraît qu'il a gardé celui-ci... moi, j'aurais gardé la petite
dame.

ARMAND, *déposant son chapeau et sa canne sur la table où se trouve*
le chapeau de Blésinet, et allant à lui.
Pardon, Monsieur, êtes-vous, en ce moment, bien accablé de
causes !

BLÉSINET, *à part.*
Hein !... (*Haut, avec aplomb.*) Vous savez, Monsieur, qu'on en
a toujours... mais... accablé n'est pas le mot... Non, Monsieur,
non, je ne suis pas accablé.

ARMAND.
Je m'en applaudis, monsieur !...

BLÉSINET, *à part.*
Est-ce que le mur mitoyen me reviendrait?

ARMAND.
Et si vous voulez bien vous charger de ma défense dans une
affaire...

BLÉSINET.
Si je le veux !... (*A part.*) Enfin, j'en tiens un !... j'étrenne !...

ARMAND.
Plaît-il?...

BLÉSINET.
Si je le veux !...

AIR : *Qu'il est flatteur d'épouser celle...*

Monsieur, commencez les poursuites !
    Je possède la question
Du mur mitoyen...

ARMAND.
    Hein?... Vous dites?...
Je plaide en séparation.

BLÉSINET.
Ah !.. très-bien... Vous devez comprendre
    D'où venait la confusion...
  (*Riant.*)
Un mur mitoyen peut se prendre
    Par une séparation.

* Blésinet, Armand.

ARMAND, *à part.*

Est-ce qu'il serait de l'école de Coquardeau?... N'importe!
l'oncle est là...

BLÉSINET.

Une séparation... de biens?

ARMAND.

De biens et de corps.

BLÉSINET, *à part.*

Bravo!... ça peut donner du détail... friser même le scandale... c'est excellent!... (*Haut.*) Parlez, Monsieur... et ne me
cachez rien... Des lettres surprises, peut-être?... je les lirai à
haute voix et on les publiera dans tous les journaux!.... c'est
excellent!

ARMAND.

Non, Monsieur, non, pas de lettres...

BLÉSINET.

Ah! c'est fâcheux... Des rencontres, peut-être, aux Tuileries,
terrasse du bord de l'eau?... La terrasse du bord de l'eau a
fourni quelques séparations agréables.

ARMAND.

Non, Monsieur... mais des visites trop fréquentes d'un parent
de ma femme, d'un jeune cousin...

BLÉSINET, *à part.*

Un cousin!... c'est excellent!...

ARMAND.

Visites auxquelles je venais de mettre un terme... quand une
bague, donnée par moi à ma femme, et que ce monsieur de
Bregy avait remarquée plusieurs fois avec une sorte d'affecta-
tion... disparut tout à coup!... ainsi que d'autres objets...

BLÉSINET, *vivement.*

Un vol!... c'est excellent!

ARMAND.

Mais non!... aucunes traces de vol... aucuns signes d'effrac-
tion... La femme de chambre prétend bien avoir remarqué un
certain dérangement dans les meubles... mais, prétexte...

BLÉSINET.

C'est égal, prenons-en note... Meubles bouleversés et brisés...

ARMAND.

Mais, au contraire!...

BLÉSINET.

C'est excellent!... Continuez.

ARMAND.

Madame Valière m'avait promis de ne plus recevoir monsieur de Bregy, qui avait cessé de paraître, et je m'étais efforcé
d'oublier la perte de cette bague.... lorsqu'un soir, rentrant

dans la chambre de ma femme, j'y trouvai... Ah ! vous dire mon indignation, ma rage, c'est impossible !... j'y trouvai !...

BLÉSINET.

Le sieur Bregy ?...

ARMAND.

Non....

BLÉSINET.

Ah !... un autre ?

ARMAND.

Non, Monsieur !... mais la preuve matérielle qu'il était venu chez ma femme.... un objet qu'il avait oublié, sans doute dans son empressement à fuir !... Donc, les visites n'avaient été suspendues qu'en apparence... et elles continuaient en secret, à mon insu !...

BLÉSINET, *avec entraînement.*

Une preuve matérielle !... bravo !... je m'en empare !... je l'exhibe, je l'arbore en pleine audience, et je m'écrie : Voyez, Messieurs, voyez ce... ou cette... Je ne sais pas ce que c'est... mais c'est excellent !... (*S'interrompant.*) Tenez, Monsieur, venez chez moi... c'est l'heure où la foule des plaideurs n'encombre pas mon antichambre... nous causerons à notre aise, et je vous développerai mes moyens de défense... Venez !...

ARMAND.

Je vous suis.

BLÉSINET, *qui a mis son chapeau et a pris machinalement la canne déposée par Armand.*

Voyez, Messieurs, voyez cette...

ARMAND, *regardant la canne que brandit Blésinet.*

Ah ! vous emportez la pièce principale ?...

BLÉSINET.

Quelle pièce ?...

ARMAND.

La canne, oubliée chez moi.

BLÉSINET.

Comment ! la... (*Regardant celle qu'il tient, et poussant un cri de joie.*)** Ah !... mais c'est elle !... je l'ai retrouvée !... j'étais sûr que je l'avais laissée ici !...

ARMAND.

Comment, ici ?... chez moi, Monsieur !

BLÉSINET.

Comment, chez vous ?... ma canne ?...

ARMAND.

Elle est à vous ?

---

* Armand, Blésinet.
** Blésinet, Armand.

BLÉSINET.

Parbleu !... les yeux en rubis, les cornes en or ciselé !... il n'y en a pas deux pareilles dans les douze arrondissements.

ARMAND, *se croisant les bras et avec éclat.*

C'est donc vous, Monsieur, qui vous êtes introduit chez moi !

BLÉSINET, *étourdi.*

Hein ?... chez vous ?... quel numéro ?

ARMAND.

Votre canne n'y est peut-être pas venue toute seule !...

BLÉSINET.

Je l'en crois incapable.

ARMAND.

Qui l'y a portée ?...

BLÉSINET.

Oui, qui ?

ARMAND.

Il y a trois jours que je l'ai trouvée chez moi...

BLÉSINET.

Et il y en a six que je l'ai égarée, perdue... ou qu'on me l'a prise, empruntée, volée... est-ce que je sais ?...

ARMAND, *très-pressant.*

Prise, dites-vous !... Qui aviez-vous reçu ce jour-là ?...

BLÉSINET.

Des camarades... des amis.

ARMAND.

Lesquels ?... nommez-les !

BLÉSINET.

Eh ! je ne m'en souviens plus... Croyez-vous donc que j'aie des amis qui fassent la canne ?...

ARMAND.

Qui, alors !... des plaideurs ?...

BLÉSINET.

Pas un... (*Se reprenant.*) C'est-à-dire... Attendez !... voilà que mes souvenirs s'éclaircissent !... Ce jour-là, c'était un mardi !... oui, c'est cela !... j'ai reçu la visite d'un inconnu, d'un étranger, qui était venu me consulter pour une affaire... aussi, cela m'avait étonné...

ARMAND.

Que l'on vînt vous consulter ?...

BLÉSINET.

Non... je veux dire... que, tout en parlant, cet inconnu me regardait d'un air...

ARMAND.

Enfin !... son nom !...

BLÉSINET.

Puisque je vous dis un inconnu...

ARMAND.

N'importe, Monsieur... vous ne serez pas mon avocat...

BLÉSINET, *à part.*

Allons! bien! patatra!... adieu ma première affaire!

ARMAND.

Mais vous serez mon témoin... car je vous citerai, vous et votre canne... que j'emporte!

BLÉSINET, *voulant la reprendre.**

Non, Monsieur!

ARMAND.

Si, Monsieur!... et vous-même avec elle, s'il le faut!

ENSEMBLE.

AIR : *O chance prospère.* (Lully.)

<table>
<tr><td>ARMAND.</td><td>BLÉSINET.</td></tr>
<tr><td>A pareille injure
Jamais de pardon !
Bientôt, je le jure,
J'en aurai raison !</td><td>Maudite aventure !
Voilà, sans raison,
Dans sa procédure,
Ma canne et mon nom !</td></tr>
</table>

SCÈNE IX.

LES MÊMES, GRANDIER, *chargé de dossiers.*

GRANDIER.**

Hein?.. que se passe-t-il?

ARMAND.

Rien...

(*Bas à Blésinet.*)
Pas un mot, de grâce!

(*A part.*)
Et chez maître Brisard courons, sans plus tarder.

GRANDIER.

Partons pour le palais...

BLÉSINET, *vivement.***

Que je vous débarrasse :
Donnez-moi tout cela... (*A part.*) J'aurai l'air de plaider.

(*Il s'empare des dossiers de Grandier, et pendant que celui-ci reconduit Armand, qui sort le premier, il ramasse toutes les pièces qu'il trouve sur la table et les suit, chargé de papiers.*)

* Armand, Blésinet.
** Grandier, Armand, Blésinet.
*** Grandier, Blésinet, Armand.

ENSEMBLE, pendant ce mouvement.

BLÉSINET.   ARMAND.

Maudite aventure ! etc., etc.   A pareille injure, etc., etc.

GRANDIER.

Étrange aventure,
Et pourquoi met-on
Dans la procédure
Sa canne et son nom ?

FIN DU PREMIER ACTE.

ACTE II.

La salle des Pas-Perdus, au Palais-de-Justice.—A gauche, au premier plan,
l'entrée de la Conciergerie ; au deuxième plan, un petit bureau auquel
est un écrivain ; au troisième plan, l'entrée de la cour criminelle ; à
droite, au premier plan, l'escalier qui conduit à la 4ᵉ chambre. — Au
deuxième plan, l'entrée de la chambre de police correctionnelle ; au
troisième plan, l'entrée de la 7ᵉ chambre. — Au fond quelques petits
bureaux d'écrivains.

SCÈNE PREMIÈRE.

*(Au lever du rideau, des avocats, des plaideurs, des Gendarmes se
promènent dans tous les sens.)*

CHŒUR DES PLAIDEURS.

AIR : *Du neveu du mercier.*

Où déposer ma plainte ?
Cette salle des Pas-Perdus
N'offre qu'un labyrinthe
Aux plaideurs éperdus !

UN HOMME, *en blouse.*

Gendarme, la cour criminelle ?

LE GENDARME.

Par ce corridor...

L'HOMME.

Ah ! merci !

UN INDUSTRIEL.

La septièm' chambre ?

LE GENDARME.

Par ici...

Voici la correctionnelle.

PLUSIEURS PLAIDEURS, *au gendarme.*

Je viens pour défendre mes droits.

LE GENDARME.

Ne parlez pas tous à la fois !

REPRISE.

Où déposer ma plainte, etc.

(Pendant cette reprise, le calme se rétablit sur l'avant-scène. Le tableau continue au fond, mais moins animé.)

SCÈNE II.

BRISARD, COQUARDEAU.*

(Ils arrivent des deux côtés opposés et se rencontrent au milieu. Ils sont en robe.)

BRISARD.

Eh ! c'est maître Coquardeau !

COQUARDEAU.

Salut à maître Brisard !

BRISARD.

Ah ! mon cher, que vous m'avez fait rire en plaidant hier !...

COQUARDEAU.

N'est-ce pas que j'ai été drôle ?

BRISARD.

Sans flatterie, vous pouvez vous vanter d'être le premier comique du barreau... c'était à étouffer... Le président se tenait les côtes, le greffier se roulait, le municipal se tordait, et j'ai vu le moment où tout l'auditoire se levait pour crier *bis !*... comme après un couplet de facture de Sainville ou de Grassot.

COQUARDEAU.

C'est vrai ! j'étais en verve... j'ai eu de l'agrément... Que voulez-vous ? j'ai la spécialité du rire... Avec moi, Thémis folichonne et fait des calembours... Quand je plaide, les juges sont attentifs, et le *greffier* ne dort jamais !

BRISARD.

C'est beau, cela !

COQUARDEAU.

Mais vous, mon cher confrère, savez-vous qu'hier vous avez été d'une audace, d'une crudité !... Tenez, permettez-moi de dire, d'une impertinence !... le mot n'est pas parlementaire...

BRISARD.

Mais il est vrai, j'en conviens... ma plaidoirie a été cruelle...

* Coquardeau, Brisard.

Dame !·chacun sa manière.... la vôtre est badine et joyeuse, la mienne est caustique et brutale... Quand je plaide, il faut que je morde, que je pince, que je griffe !... J'épouvante, je terrifie, j'assassine mon adversaire !... c'est un autre genre, voilà tout. Vous faites rire, je fais trembler... vous êtes monsieur Arnal, et moi je suis monsieur Mélingue.

COQUARDEAU, riant.

Et les plaideurs, que sont-ils ?

BRISARD, riant aussi.

Chut !... n'en disons pas de mal, nous en avons besoin... Eh ! mais, si je ne me trompe, nous plaidons encore aujourd'hui l'un contre l'autre.

COQUARDEAU.

Eh ! oui, vraiment, dans l'affaire Valière.

BRISARD.

Un procès en séparation... Ah ! gaillard, je gage que vous allez vous en donner à cœur joie.

COQUARDEAU.

J'y ferai mon possible... Quand je plaide contre un mari... malheureux, je suis intarissable... Mais vous, mon confrère, vous allez être gêné.

BRISARD.

Pourquoi donc ?

COQUARDEAU, ils se prennent [bras dessus, bras dessous et se promènent.

Votre partie adverse est une femme, et vous ne pourrez pas donner carrière à votre verve mordante.

BRISARD.

Apprenez, maître Coquardeau, qu'une fois revêtu de cette robe, je ne connais ni rang, ni sexe !... Je conspuerais ma cousine, et je vilipenderais ma grand'tante !... Ainsi donc, pas d'indulgence, pas de ménagements !... Faites bien rire aux dépens de mon pauvre mari... moi, je vous promets un plaidoyer... sanglant !

COQUARDEAU.

A merveille !... nous allons nous battre à outrance !...

BRISARD.

Sur le dos de nos clients !

COQUARDEAU.

Et après l'audience, rendez-vous, à six heures, aux Frères-Provençaux.

AIR : De la sentinelle.

C'est convenu... Le procès terminé,
Aux Provençaux nous faisons une pause,
Et le champagne, à la fin du dîné,
Comparaîtra pour y plaider sa cause.

COQUARDEAU.

Ce vin charmant, dirigeant le débat,
Doit l'emporter ; car, par son influence,
Il étourdit...

BRISARD.

C'est son état,
Comme celui de l'avocat :
Nous nous croirons à l'audience.
A l'audience !

BLÉSINET, *en dehors.*

Place, place !... je suis très-pressé !...

COQUARDEAU.

Ah ! c'est Blésinet, des dossiers sous les bras, des dossiers
dans les poches ; il doit en avoir dans les goussets !... (*Il re-
monte avec Brisard, pendant que Blésinet poursuit les promeneurs
qu'il rencontre.*)

SCÈNE III.

LES MÊMES, BLÉSINET.

BLÉSINET, *en robe, portant des dossiers sous le bras et dans toutes ses
poches.*

AIR : *Patati, patata.*

Qui veut un avocat
Éloquent, délicat,
Doit me prendre
Pour le défendre ;
Je connais mon état,
Regardez mon rabat
Et prenez-moi pour avocat !
(*Apercevant un vieux monsieur.*)

Cet air !... c'est un mari...
(*Au vieux monsieur.*)

Je vais dire au jury...
Que vous êtes...

LE MONSIEUR.

Trop bon !...
Monsieur, je suis garçon !...

BLÉSINET.

C'est jouer de malheur !
(*Apercevant une grisette.*)

Ah ! cette jeune fleur...
Petite,
Vous a-t-on séduite ?

LA GRISETTE.

Séduite ! non vraiment,
Je cherche mon amant,
Greffier de l'enregistrement.
(*Elle sort*).

BLÉSINET.

Quoi ! je ne trouve pas...

(*Au gendarme.*)

Je défends les soldats,
Voulez-vous... ·

LE GENDARME.

Les soldats
Se défend'nt sans avocats.

BLÉSINET.

Quoi ! pas un seul procès !
Au diable le palais !
Que faire
Dans cette galère ?
J'aurais beau crier fort,
J'aurai tort, toujours tort
Si tous les hommes sont d'accord !

(*Poursuivant tout le monde.*)

Qui veut un avocat
Éloquent, délicat,
Doit me prendre
Pour le défendre ;
Je connais mon état,
Regardez mon rabat,
Et prenez-moi pour avocat.

(*A la fin de ce couplet, il redescend en scène, et Coquardeau, qui
était remonté avec Brisard, se trouve devant lui.*)

BRISARD, *riant.*

Ce n'est pas un avocat, c'est un greffier ! Ah ! ça, mon cher
Blésinet, que cherchez-vous donc ainsi ?

BLÉSINET.

Ce que cherchait Diogène... un homme... mais pas un homme
juste !... un homme très-processif... Oh ! je le trouverai... ou,
si je ne le trouve pas... je me fais un procès à moi-même !

- COQUARDEAU.*

Je ne te le conseille pas... ce serait dangereux.

BLÉSINET.

Dangereux ?... Ah ! bon... parce que tu crois que je plaiderais
pour moi ?... Usé, mon cher, esprit de petit théâtre.

COQUARDEAU.

Mais, à propos de théâtre, n'est-ce pas avec un auteur que tu
causais tout à l'heure, sur le grand escalier ?

BLÉSINET.**

Un auteur !... Oh ! il le dit, il le tambourine à qui veut l'entendre... mais ça fait de la peine... Figurez-vous un grand garçon qui s'est fait refuser à tous les théâtres, même au Petit
Lazary... et qui s'obstine à se promener toute la journée sur

---

* Coquardeau, Brisard, Blésinet.
** Coquardeau, Blésinet, Brisard.

les boulevards, chargé de ses manuscrits... Il en a dans ses mains, dans ses poches.., c'est d'un ridicule!...

BRISARD.

Ah! vous trouvez ça ridicule?

COQUARDEAU.

Mais, malheureux! regarde-toi donc!

AIR : *J'en guette un petit.*

De son malheur tu lui fais un reproche :
Mais devrais-tu blâmer ses embarras?
S'il a toujours dix manuscrits en poche,
Toi, n'as-tu pas dix dossiers sous les bras?

BLÉSINET.

Entre nous deux, ah! quelle différence!
De le refuser on fait bien :
Car ses pièces ne disent rien...

BRISART, *à part.*

Juste comme son éloquence, etc.

BLÉSINET.

Et d'ailleurs, si je manque de clients, à qui la faute?... A vous autres qui accaparez tout... et pourtant, quelle ardeur je déploie!... Tenez, depuis six mois, je n'ai payé ni mon boucher, ni mon propriétaire, ni ma femme de ménage... Un autre aurait déjà trois procès... eh bien! non,.., ils aiment mieux perdre sans plaider que de plaider pour ne pas perdre!

COQUARDEAU.

Ce pauvre Blésinet!

BLÉSINET, *tirant sa montre.*

Mais, voici midi, et je vais flâner à la cour d'assises...

BRISARD.

Ah! je comprends...

BLÉSINET.

J'ai toujours désiré débuter dans les voleurs... quitte à passer plus tard aux assassins... Pourvu qu'aujourd'hui tous les voleurs ne soient pas pris!...

BRISARD.

Hein?

BLÉSINET.

Pris par mes confrères!... je vais m'en assurer.

COQUARDEAU.

Moi, je vais au-devant de ma cliente, qui doit arriver par la cour du Harlay.

BLÉSINET.

Sa cliente!... est-il heureux!...

COQUARDEAU.

AIR : *Je vais changer d'costume et d'emploi.*

Tout avocat est galant et Français :
Pour ma cliente, avec délicatesse,
Je vais me mettre en frais de politesse;
Quitte à doubler la liste de mes frais.

BLÉSINET.

Près des voleurs, loin de paraître fier,
Je leur ferai plus d'une avance :
Ça me fera remarquer... si j'ai l'air
D'être un peu de leur connaissance.

ENSEMBLE.

COQUARDEAU, BRISARD ET BLÉSINET.

Tout avocat est galant et Français :
Il faut, mon cher, avec délicatesse,
Savoir vous mettre en frais de politesse,
Quitte à doubler la liste de vos frais.

(Coquardeau et Blésinet sortent.)

SCÈNE IV.

BRISARD, seul, puis ARMAND.*

BRISARD.

Midi !... mon client devrait être ici... (*L'écrivain du premier plan se lève. Valière, qui entre, va à lui et semble l'interroger. L'écrivain lui indique Brisard.*) Est-ce que ce M. Valière aurait oublié son procès et sa femme?... Eh! mais non... le voici !

ARMAND.

Ah ! c'est vous, mon cher avocat... Eh bien ! le moment approche... êtes-vous bien au fait?

BRISARD.

Je plaiderais les yeux fermés... quand je dis fermés, ce serait dommage... car on dit madame Valière charmante.

ARMAND, *à lui-même.*

Aussi jolie que perfide !

BRISARD.

Reposez-vous sur moi.

AIR : *Voici ma tante Lajonchère.*

Justice vous sera rendue
Devant un public indigné.

ARMAND.

Mais c'est une femme perdue !...

BRISARD.

Non pas... c'est un procès gagné.

* Armand, Brisard.

ARMAND.

Pour elle ayez de l'indulgence !...

BRISARD.

J'en aurai tant que vous voudrez :
Mais si je plaide l'innocence,
Vous ne serez pas séparés !

(*Les deux écrivains sortent par le fond à droite.*)

ARMAND.

Oui, c'est vrai... Allons, puisque le sort en est jeté... Vous avez bien toutes les pièces...

BRISARD.

Oui, oui...

ARMAND, *tirant un parchemin de sa poche.*

Ah ! mon contrat de mariage... le voulez-vous ?

BRISARD.

C'est inutile... pourtant donnez toujours.

ARMAND.

Le voici, et je vous laisse... je ne puis tenir en place !... nous nous reverrons à l'audience...

BRISARD, *remontant avec lui.*

Ne vous éloignez pas, la cause peut être appelée. (*Armand sort à gauche.*)

SCÈNE V.

BRISARD, BLÉSINET, *puis* COQUARDEAU.*

BLÉSINET, *arrivant en courant du deuxième plan à gauche, tout ébouriffé et pouvant à peine parler.*)

Victoire ! victoire !... Enfin, j'en tiens un ! (*Arrêtant Brisard.*) Embrassez-moi, mon cher Coquardeau !... (*Au vieux monsieur qui sort du tribunal.*) Embrassez-moi, mon cher client !...

LE VIEUX MONSIEUR, *le repoussant.*

Eh ! Monsieur !... laissez-moi donc !... je ne vous connais pas !

BLÉSINET.

Vous ne me connaissez pas ! Blésinet, avocat ! le défenseur du féroce Rigoleau, dit Lagingeole !...

COQUARDEAU, *qui vient d'entrer.*

Lagingeole !... ce fameux scélérat !...

BLÉSINET.

Je vais être honoré de sa confiance... Oui, Coquardeau, oui, mon bonhomme... tout à l'heure, M. le président cherchait pour lui un avocat d'office... et il m'a donné la préférence !...

* Brisard, Blésinet, Coquardeau.

CQQUARDEAU.

Combien étiez-vous?

BLÉSINET.*

J'étais tout seul.

Air : *De Préville et Taconnet.*

Et, tiens, voilà pour la conciergerie
Un petit mot qui m'ouvre les verroux !
Je vais le voir !!! — Près de femme jolie
Je n'eus jamais un tremblement plus doux,
Même le jour d'un premier rendez-vous !
J'ai bien souvent vu fuir mainte inhumaine;
Mais lui, du moins, je pourrai lui parler...
A lui, du moins, j'ai le droit de parler !

COQUARDEAU.

Et ta victoire est d'autant plus certaine,
Que ton objet ne pourra s'en aller.

BLÉSINET.

Oh ! dès qu'il m'aura entendu, il n'en aura pas envie...
C'est un scélérat, je veux en faire un ange!... C'est un crétin,
je veux en faire... un poëte!

BRISARD.

Vous lui ferez faire des vers?...

BLÉSINET.

Oui, ça fait bien... un scélérat lyrique, c'est toujours inté-
ressant... mais, comme il ne doit pas être fort sur la prosodie,
je l'aiderai... nous ferons quelques vers, à nous deux, en col-
laboration... Mais je suis là, je bavarde, et mon gredin doit
s'impatienter... A tantôt, Messieurs, vous verrez mon triomphe! (*Il sort majestueusement par le premier plan à gauche. On
l'entend dans la coulisse dire à un huissier :*) Laissez-moi passer,
moi, Blésinet, défenseur de Rigoleau, dit Lagingeole, nommé
d'office par M. le président. (*Sa voix se perd.*)

COQUARDEAU.**

Il est fou.

BRISARD, *bas à Coquardeau.*

Eh bien! et votre cliente?

COQUARDEAU.

Pas encore arrivée.

BRISARD. ***

Mon client est plus exact... (*Ici l'on voit entrer Armand par le
fond à gauche.*) Tenez, le voyez-vous là-bas?

COQUARDEAU.

Comment ! ce monsieur?...

* Blésinet, Brisard, Coquardeau.
*· Coquardeau, Brisard.
*** Armand, Brisard, Coquardeau.

BRISARD.

C'est lui... vous me permettez de le rejoindre ?...

COQUARDEAU.

Allez, allez... (*Brisard rejoint Armand et sort avec lui.*)

SCÈNE VI.

COQUARDEAU, *puis* ESTELLE *et* HENRIETTE.

COQUARDEAU, *suivant des yeux Armand.*

Eh quoi ! c'est là ma partie adverse ?... le mari à bafouer ?...
Diantre ! c'est fâcheux... je m'étais figuré un petit mari trapu,
gros de ventre, rouge de nez... avec une canne et une perru-
que... et j'avais déjà préparé deux ou trois jeux de mots.....
C'est qu'il est bien... mais très-bien, ce monsieur.

HENRIETTE, *entrant du fond à droite, à Estelle* *.

Oui, madame, on m'a dit que nous trouverions monsieur
Coquardeau dans la salle des Pas-Perdus.

COQUARDEAU.

Mon nom !... (*Se retournant.*) Ah ! ma délicieuse cliente !

ESTELLE **.

Ah ! Monsieur, où suis-je ici?

COQUARDEAU.

Comment ! vous avez peur ?...

ESTELLE.

Je suis tremblante... sur le grand escalier, dans les couloirs,
tous les yeux dirigés sur moi, et qui semblaient vouloir lire
dans mon cœur !

COQUARDEAU.

Tant mieux... ils auront lu votre innocence, votre sincérité...
A propos, vous avez apporté votre flacon?...

ESTELLE.

Mon flacon?... pourquoi?...

COQUARDEAU.

Qui sait... l'émotion... et puis, un évanouissement à propos,
ça fait bien.

ESTELLE.

Oh ! je suis trop en colère pour m'évanouir !

COQUARDEAU.

D'ailleurs, au besoin, j'ai toujours sur moi des sels anglais...
(*Regardant Henriette.*) Mais quelle est cette jeune fille qui nous
écoute ?

ESTELLE.

C'est ma femme de chambre.

---

* Coquardeau, Henriette, Estelle.
** Coquardeau, Estelle, Henriette.

COQUARDEAU.

Vraiment !... elle est bien jolie.

ESTELLE.

Oui, elle n'est pas mal.

COQUARDEAU.

Ah ! dites-moi, je n'ai retrouvé dans mon dossier, ni votre acte de naissance, ni l'expédition de votre acte de mariage...

ESTELLE.

Ah ! mon Dieu !...

COQUARDEAU [*].

Rassurez-vous ; ce n'est pas indispensable... cependant... (*Regardant de nouveau Henriette.*) Est-ce qu'elle est depuis long-temps chez vous, cette jeune fille ?

ESTELLE.

Depuis un an.

COQUARDEAU.

Un an... tant que ça !...

ESTELLE.

Elle est très-dévouée... très-complaisante... M. Valière et moi, nous y tenions beaucoup.

COQUARDEAU, *à part.*

Ah ! elle est très-complaisante... et M. Valière y tenait...

ESTELLE.

Mais ces papiers dont vous me parliez...

COQUARDEAU.

Ah ! maintenant, je me rappelle, je les ai oubliés chez vous.

ESTELLE.

Que ne parliez-vous plus tôt !... je vais aller, Monsieur...

COQUARDEAU.

Ah ! belle dame... je ne souffrirai pas...

ESTELLE.

C'est à deux pas, et ma voiture attend dans la cour du Harlay.

COQUARDEAU.

Alors, hâtez-vous... car la cause peut être appelée d'un moment à l'autre.

ESTELLE, *sortant.*

Viens, Henriette.

COQUARDEAU.

Pardon, si je ne puis vous accompagner...

ESTELLE, *au fond.*

Restez ! restez ! (*Elle disparaît avec Henriette à droite.*)

---

* Henriette, Coquardeau, Estelle.

COQUARDEAU, *seul.*

A merveille !... une intrigue !... « Article 306 : Quand le mari
» aura tenu sa concubine dans la maison commune... » Voilà
qui remplacera avantageusement mon petit homme trapu, au
gros ventre et au nez rouge... Mais si madame Valière tardait,
moi, qui ne connais pas même les noms de baptême et de famille de ma cliente !... J'aurais dû au moins les lui demander.

SCÈNE VII.

BRISARD, COQUARDEAU.

BRISARD, *entrant en feuilletant son dossier.*

Oui, oui, mon dossier est bien en ordre, et ma péroraison est
là. (*Il se louche le front.*)

COQUARDEAU.

Pardon, maître Brisard, sont-ce les pièces de la procédure
Valière que vous avez là?

BRISARD.*

Oui, maître Coquardeau.

COQUARDEAU.

Obligez-moi donc de me donner exactement les nom et pré-
noms de ma cliente.

BRISARD.

Bien volontiers !

SCÈNE VIII.

LES MÊMES, GRANDIER, *en robe, au fond, entrant de gauche.***

BRISARD.

J'ai là précisément le contrat de mariage des époux Valière.

GRANDIER, *qui traversait, s'arrêtant.*

Valière !... Eh ! quoi, cette affaire va donc se plaider?

BRISARD.

Dans un instant... (*Otant sa toque.*) Oui, maître Grandier.

GRANDIER, *à part.*

Les fous !... Et voilà les choix qu'ils ont fait !... Deux boute-
féu... deux avocats à la congrève !... Ma foi ! j'ai fait ce que j'ai
pu, advienne que pourra.

COQUARDEAU, *écrivant sur le coin du bureau d'écrivain, au premier
plan.*

Dictez, maître Brisard.

---

* Brisard, Coquardeau.
** Brisard, Coquardeau, Grandier.

BRISARD.

Estelle de Launay, femme Valière...

GRANDIER, *vivement, à Coquardeau.*

Estelle de Launay!... votre cliente se nomme...

COQUARDEAU.

Estelle de Launay.

GRANDIER.

Il serait possible !... mais alors, je connais...

COQUARDEAU.

Vous devez vous tromper... c'est une famille de province...

GRANDIER.

Précisément !... de Montpellier !

BRISART.

En effet... son père est premier président à la cour de Montpellier. (*On entend une sonnette, au deuxième plan à droite.*)

GRANDIER.

Delaunay !... mon plus ancien et mon meilleur ami !

UN HUISSIER, *s'adressant à Grandier.*

Maître Grandier, la cause est appelée.

GRANDIER.

Oui... j'y vais... la fille de Delaunay !... (*On entend de nouveau la sonnette.*) Et je suis obligé.... Que faire, mon Dieu !

L'HUISSIER.

Maître Grandier, la cour attend...

GRANDIER.

Me voilà !... Ah ! puissé-je revenir assez tôt ! (*Il sort à droite, deuxième plan.*)

SCÈNE IX.

BRISARD, COQUARDEAU, *ensuite* BLÉSINET.

COQUARDEAU.[*]

Qu'a-t-il donc ?

BRISARD.

Je ne sais... le cher confrère a quelquefois des lubies...

COQUARDEAU.

Dites qu'il en a souvent...

BRISARD.

Un original... un gâte-métier !...

COQUARDEAU.

Qui réconcilierait le ciel et l'enfer !

BRISARD.

Un homme très-dangereux dans un procès.

[*] Coquardeau, Brisard.

BLÉSINET, *rentrant du premier plan à gauche, et parlant à un gamin.*

Tu entends bien ? Quand j'en serai à ma péroraison, tu crieras bravo !... On te mettra à la porte, mais je te donnerai dix sous. (*Le gamin sort par le deuxième plan à gauche.*)

COQUARDEAU.

Ah ! voilà Blésinet qui sort de la Conciergerie.

BLÉSINET, *enthousiasmé.*

Oui, Messieurs, oui, je viens de voir mon scélérat !... Quelle belle cause !... Il est hideux !

BRISARD.

Et son crime ?

BLÉSINET.

Il a étranglé sa propriétaire... à laquelle il devait douze termes... Les douze termes seront une circonstance atténuante.

BRISARD *et* COQUARDEAU, *riant.*

Ah ! ah ! ah !

BLÉSINET.

Du reste, c'est un scélérat endurci... Je ne sais pas pourquoi, il riait en me regardant...

COQUARDEAU.

Il n'y a pas besoin d'être endurci pour ça !

BLÉSINET.

Nous avons ri ensemble... Oh ! sa cause est sale, je ne peux pas me le dissimuler, elle est sale... mais je la blanchirai... Nous avons fait des vers !

BRISARD.

Vraiment ?

BLÉSINET.

Il n'a pas la moindre facilité... il m'a laissé tout faire... mais je crois que c'est gentil... Tenez, comment trouvez-vous ça ?**

BRISARD *et* COQUARDEAU.

Voyons !

BLÉSINET, *déclamant.*

Ah ! que mes peines sont cruelles
  Captif, je manque d'air,
Et le amours brisent leurs ailes
  Sur mes barreaux de fer !

BRISARD *et* COQUARDEAU, *riant.*

Ah ! ah ! ah !

COQUARDEAU.

Les amours qui brisent leurs ailes...

* Blésinet, Coquardeau, Brisard.
** Coquardeau, Blésinet, Brisard.

BRISARD.

Aux barréaux de fer de Lagingeole !...

COQUARDEAU, *à part.*

Décidément, j'ai peur qu'il ne devienne plus amusant que
moi.

BLÉSINET.

DEUXIÈME STROPHE.

O mes beaux jours sous les grands chênes !
Quand j'avais pour prison
La prairie immense... et pour chaînes
Les deux bras de Suzon !

Hein !... c'est déchirant !... Sans compter que mon plaidoyer
sera quelque chose de remarquable... J'en ferai un petit saint !
Pour le défendre, j'attaquerai la société tout entière. Bah !...
pendant que j'y suis... La société est notre mère à tous... Eh !
bien !... je tue la mère pour sauver l'enfant ! (*Sonnette du premier plan à droite.*)
(*Coquardeau et Brisard n'y tiennent plus et sortent, en comprimant
des éclats de rire. Pitou entre au même instant, et s'arrête à
écouter Blésinet.*)

SCÈNE X.

BLÉSINET, PITOU.

BLÉSINET, *continuant.**

Et savez-vous lequel de ses enfants cette société vient d'asseoir sur la sellette du crime ?... un homme qui, peut-être, eût
été sa gloire, un grand poëte inconnu !... Oui, Messieurs, je
n'hésite pas à le déclarer, cet homme eût été un grand poëte !...
Et je ne veux pour preuve de ce que j'affirme, que ces vers
sublimes, que je l'ai surpris charbonnant tout à l'heure sur les
parois de son humide cachot !... (*Déclamant.*)

Ah ! que mes peines sont cruelles !
Captif, je manque d'air,
Et les amours brisent leurs ailes,
Sur mes barreaux de fer !

PITOU, *applaudissant.*

Ah ! bravo !... jarnigué ! bravo !

BLÉSINET,

On m'écoutait !...

PITOU.

Oui !... et je suis ravi !... j'suis dans l'admiration !... Ah !
M'sieur l'avocat, si c'nétait pas que c'est trop peu de chose
pour vous !...

* Pitou, Blésinet.

BLÉSINET, *vivement*.

Quoi donc, mon ami ? quoi donc ?

PITOU.

Si j'osais vous prier de plaider pour mon mur mitoyen !...

BLÉSINET, *à part*.

Encore un !... je suis lancé !

PITOU.

Mais c'est peut-être que vous ne plaidez pas pour si peu !...

BLÉSINET.

Il est vrai que je suis assailli, enlevé par les plaideurs... j'ai eu trois robes déchirées sous moi la semaine passée, et il m'a fallu mettre un municipal à la porte de mon cabinet de consultations... Mais c'est égal, vous m'intéressez, et je plaiderai pour votre mur... Voyons, dites, dites-moi votre affaire.

PITOU.

V'là la chose, foi de Pitou... (*Très-vite.*) Jean Pichu qui mange sur mon pré... qui arrive comme ça jusqu'au mur de mon enclos... qui soutient que le mur est mitoyen... le mur qui dégringole... moi, que je le relève tout seul... et Jean Pichu qui veut pas payer sa moitié, vu que je soutiens qu'il n'est pas mitoyen !...

BLÉSINET, *l'arrêtant*.

Assez ! assez !... j'ai toute votre affaire dans la tête... et quand j'aurai fait acquitter Lagingeole ; car je plaide aussi au criminel, moi... je dirai au tribunal... « Messieurs, je viens au nom du brave Pitou, honnête laboureur et père d'une nombreuse famille... » (*A Pitou.*) Avez-vous des enfants ?

PITOU.*

Non, mais j'ai des poules, et... et je suis de la garde nationale !

BLÉSINET.

Oh ! très-bien... « Messieurs, je viens au nom du soldat laboureur, du Cincinnatus de la Normandie, vous demander tout à la fois le redressement d'un tort, et d'un mur mitoyen !... »

PITOU.

C'est ça ! c'est ça !... Seulement, au lieu des *cinq signatures*, n'en mettez qu'une... Pitou, qu'est mon nom.

BLÉSINET, *vivement*.

Oh ! quelle idée pour Lagingeole... je plaiderai la folie.... « L'homme dont je vous parle, dirai-je, est une bizarrerie de la nature, une exception, un monstre, si vous voulez !... »

PITOU.

Hein ?

* Blésinet, Pitou.

BLÉSINET.

« Eh ! bien, faites pour ce monstre ce que vous faites pour les tigres du Jardin des Plantes !...

PITOU.

C'est pas ça !

BLÉSINET.

« Enfermez-le sous une grille, et traitez-le comme une bête curieuse !... »

PITOU, *furieux.*

Bête curieuse vous-même !

BLÉSINET.

Eh ! non, ce n'est pas vous... vous seriez bête, que vous ne seriez pas curieux... Je connais votre affaire... « Un mur mitoyen a été relevé par mon client, des deniers de mon client !...

PITOU.

C'est ça ! c'est ça !

BLÉSINET.

« Mais, me direz-vous, il a étranglé sa propriétaire !... »

PITOU.

Moi ?

BLÉSINET.

« Mais il lui devait douze termes !... et n'est-il pas étrange qu'une propriétaire fasse un tel crédit ?... »

PITOU.

Mais c'est plus ça !

BLÉSINET.

« Et qui vous dit, messieurs les jurés, que ce n'est pas dans un mouvement de reconnaissance, en se précipitant à son cou pour l'embrasser !... oui, pour l'embrasser avec frénésie !... Il l'aura embrassée trop longtemps, voilà tout... »

PITOU.

Qu'est-ce qu'il dit ?...

BLÉSINET.

« Néron ne voulait-il pas étouffer Britannicus en l'embrassant !... donc, la chose est possible... »

PITOU.

Mais c'est Jean Pichu !...

BLÉSINET.*

« Oui, Messieurs, Jean Pichu a étranglé sa propriétaire en l'embrassant !... »

PITOU.

Ah ! bah !... eh ! bien, je m'en doutais.

BLÉSINET.

« Si vous voulez la tête de mon client, prenez-la !... »

---

* Blésinet, Pitou.

PITOU.

Hein !... prendre ma tête !...

BLÉSINET.

Mais non !... vous m'embrouillez, avec votre mur mitoyen !...
Parlons-nous du mur !... Eh ! bien, soit, restons dans le mur...
Voyons, qu'est-ce que disais?... je ne me souviens plus, mais
c'était bien beau !...

SCÈNE XI.

LES MÊMES, GRANDIER.

GRANDIER.

Enfin, me voilà libre, et assez à temps, je l'espère !... Ah !
Blésinet !...

BLÉSINET.

Pardon, pardon, mon oncle... je voudrais avoir le temps de
causer avec vous; mais un avocat se doit à ses clients... Permettez...

GRANDIER.

Et depuis quand as-tu des clients !...

BLÉSINET.*

Ah ! en voilà une bêtise !... *(Tirant son oncle à part.)* Comment ! vous me dites ça devant mon mur mitoyen !.

GRANDIER.

Ah ! ce paysan... Eh ! mais je le reconnais !...

BLÉSINET.

C'est Pitou... l'autre, mon scélérat, s'appelle Lagingeole... Je
suis accablé d'ouvrage !...

GRANDIER.

Je t'en félicite... mais tu n'aurais pas vu?..

BLÉSINET.

Je ne vois que ma gloire, que mon triomphe !... Ah ! mon
oncle, quelle noble mission... défendre le vice contre la vertu.

GRANDIER.

Hein !

PITOU.

Qu'est-ce qu'y dit? qu'est-ce qu'y dit?...

BLÉSINET.

Non, défendre la vertu contre le vice... c'est un lapsus.

UN HUISSIER, *entrant du premier plan gauche.*

La cause de maître Blesinet est appelée.

BLÉSINET, *ému.*

Ma cause ! Ah ! mon oncle, soutenez-moi..., aidez-moi de vos
conseils !

---

* Pitou, Blésinet, Grandier.

GRANDIER.

Tu veux un conseil? coupe tes moustaches.

BLÉSINET, *bondissant.*

Ah! sapristi!... pourquoi me dites-vous ça?... Ah! saper-
lotte! je vais être distrait... (*A Pitou.*) Vous n'avez pas de ci-
seaux, Normand? Mais non, si vous en aviez, vous auriez coupé
vos cheveux... Ah! saperdienne! que je vais être gêné...
(*A Pitou.*) Suivez-moi, Lagingeole... non, Pichu... non, enfin,
suivez-moi, mur mitoyen!... (*Sur la point de disparaître.*) Sapristi, je vais loucher!...

PITOU, *sortant derrière lui.*

C'est louche!

SCÈNE XII.

GRANDIER, *ensuite* **ESTELLE.**

GRANDIER.[*]

Cet imbécile m'a fait gaspiller un temps... Hâtons-nous de
rejoindre... (*Il s'arrête en voyant entrer Estelle.*) Que vois-je?

ESTELLE, *entrant.*

Impossible de retrouver ces maudits papiers!...

GRANDIER.

Madame...

ESTELLE.

Ah! monsieur Grandier... (*Elle salue et s'apprête à sortir.*)

GRANDIER, *la retenant.*

Pardon, Madame... voulez-vous me permettre de vous embrasser?...

ESTELLE.

Moi, Monsieur!...

GRANDIER.

Oui, Madame... et ce n'est pas la première fois que j'aurai ce
plaisir-là.

AIR : *Je vous le dis en vérité.*

Ne vous en souvenez-vous pas?
Lorsqu'elle était toute petite,
Estelle, en accourant bien vite,
Venait se jeter dans mes bras.
Or, en revoyant cette Estelle,
Que le péril vient menacer,
Je me suis dit : Voilà pour elle,
Le moment de recommencer.

ESTELLE.

Comment, Monsieur, vous êtes...

---

[*] Grandier, Estelle.

GRANDIER.

Grandier, un des amis de votre père, et que, toute petite, vous appeliez Monsieur le procureur, pour le faire enrager !...

ESTELLE.

Ah ! Monsieur, que je suis confuse de ne vous avoir pas reconnu !...

GRANDIER.

Et moi, donc... mais, c'est votre faute... il fallait me dire qui vous étiez... et hier, malheureuse enfant, au lieu de vous dire : Je vous conseille de ne pas plaider... je vous aurais dit : je vous défends de plaider (*Mouvement d'Estelle.*) Oui, Madame, au nom de mon vieil ami, au nom de votre père... Eh quoi ! cette petite fille si gentille, que je faisais sauter sur mes genoux... Oh ! la vie, la vie ! on est lié, on est uni, on s'est promis vingt fois de ne se jamais quitter... et les affaires, les devoirs, tout vous sépare, et quand on se retrouve, on ne se reconnaît seulement plus... mais, enfin, je sais à présent qui vous êtes, et j'empêcherai ce procès.

ESTELLE.

Il est trop tard... on plaide en ce moment... on vient de me dire que la cause a été appelée...

GRANDIER:

Déjà ?...

SCÈNE XIII.

LES MÊMES, ARMAND, *ensuite* PITOU.*

ARMAND.

Non, j'avais trop compté sur mes forces... je ne puis rester...

GRANDIER.

Ah ! M. Valière !

ESTELLE, *voulant fuir.*

Lui !

ARMAND, *idem.*

Estelle !

GRANDIER.

Eh bien ! eh bien ! vous fuyez?... vous fuyez tous deux à la fois?... Comment voulez-vous donc que vos avocats plaident l'incompatibilité d'humeurs, si vous vous entendez si bien?...

ARMAND.

Monsieur...

ESTELLE.

De grâce !...

* Estelle, Grandier, Armand.

GRANDIER.

Restez, monsieur Valière... Et vous, Madame, au nom de votre père, restez aussi!... (*Estelle s'assied près du petit bureau au premier plan.*)

PITOU, *rentrant de gauche, au fond.*

Impossible!... il y a trop de monde... Ah! à la quatrième chambre!

L'HUISSIER, *l'arrétant à la porte.*

Attendez qu'il sorte quelqu'un.

PITOU.

C'est bon, j'attendrai. (*Il se tient contre la porte du tribunal, derrière plusieurs autres personnes; pendant ce petit dialogue, Valière est redescendu, Estelle s'est rapprochée; Grandier domine le théâtre.*)

GRANDIER.*

Eh quoi! c'est à la risée du public, aux plaidoiries de deux avocats, aux facéties des gazettes judiciaires... c'est au ridicule, c'est à la calomnie que vous n'avez pas craint de livrer vos noms, vos secrets, votre honneur...

ARMAND.

Monsieur!...

PITOU, *parlant très-bas.*

Ah! l'avocat prend la parole...

L'HUISSIER.

Silence!...

GRANDIER.

Ah! tenez, je les approuve en ce moment, ces avocats, qui jettent à pleines mains l'outrage sur les insensés qui vous imitent... oui, je les approuve!... car j'aime à voir que la punition commence avec le débat, la honte avec la plaidoirie, le déshonneur avec la réplique!... J'aime à voir que, vainqueurs ou vaincus, les deux époux sortent de là, tête baissée, aussi honteux de leur défaite que de leur triomphe.

ARMAND.

Mais permettez, Monsieur, que doit donc faire un mari quand il a de justes sujets de plainte?... quand des indices graves...

GRANDIER.

Ah! pardon, je ne veux pas entrer dans la cause... Si tant de maris ne voient rien, il en est, en revanche, que la jalousie aveugle, que le soupçon égare; et songez-y, Monsieur, dans ces procès en séparation, où la femme est trop souvent la victime, la réhabilitation... quand elle arrive... arrive toujours trop tard... car le repentir d'un mari ne peut rendre à ces pauvres femmes leurs vingt ans, leurs joies de famille et l'estime du monde, qui ne pardonne jamais, lui!

----

* E-telle, Grandier, Armand, Pitou.

ESTELLE, *à son mari*.

Vous entendez, Monsieur!... (*A Grandier.*) Et quand c'est le mari qui a tous les torts!... quand c'est par un manque de confiance...

GRANDIER.

Il faut le plaindre, Madame, faire renaître cette confiance... et se dire après tout, qu'en défendant son honneur, c'est le vôtre qu'il défend (*Estelle se lève*).

ARMAND.

Vous entendez, Madame!...

PITOU, *bas*.

Oh! le procureur de la république!..

GRANDIER.

Mon Dieu... je sais... je vois bien... que votre parti est irrévocablement arrêté... Aussi, n'est-ce pas vous que je veux convaincre... mais moi-même, peut-être, dont les cheveux ont blanchi sur l'étude des lois... dont le nom, je le dis bien haut, signifie honneur et probité... Si j'avais un fils ou une fille dans votre position, savez-vous ce que je leur dirais?...

VALIÈRE ET ESTELLE, *se rapprochant de Grandier*.

Monsieur!...

GRANDIER.

Je leur dirais d'abord : oubliez!...

ESTELLE ET ARMAND.

Oublier!...

GRANDIER.

Puis... souvenez-vous... souvenez-vous de ce temps de vos premières amours, où vous viviez l'un pour l'autre... du serment solennel que vous avez fait au ciel de vous aimer toujours!... Et, s'il y a un coupable parmi vous... laissez à Dieu le soin de le punir, ou la gloire de lui pardonner!

PITOU.

Ah! v'là l' président qui va prononcer!...

GRANDIER.

Allons, mes pauvres enfants, c'est un ami qui vous parle... c'est un vieillard... Ecoutez-moi comme vous écouteriez un père...

ESTELLE, *à part*.

Oh! mon Dieu! que faire?

ARMAND, *à part*.

Ma résolution m'abandonne!...

GRANDIER.

Estelle... laissez-moi votre main... La vôtre, monsieur Valière... (*Tenant les deux mains des époux et les voyant attendris.* Vous pleurez?... allons, un bon mouvement!...)

ESTELLE, *avec élan.*

Mon ami !...*

ARMAND, *de même.*

Estelle !...

GRANDIER.

Enfin, les voilà réunis !...

BRISARD, *entrant triomphant.*

Vous êtes séparés !...

SCÈNE XIV.

LES MÊMES, BRISARD, COQUARDEAU, *ensuite* BLÉSINET *et tout le monde.*

ENSEMBLE.

AIR : *Du Philtre.*

LES AVOCATS ET LA FOULE.

Oui, séparés par jugement !
Quel gloire !
Quelle victoire !
C'était charmant !
Ils ont
Oui j'ai   vraiment
Plaidé fort agréablement.

GRANDIER, ESTELLE ET VALIÈRE.

Quoi ! séparés par jugement !
A ce malheur devons-nous croire ?
Eh quoi ! vraiment,
Ce jugement
Nous
Les   sépare irrévocablement !

BLÉSINET, *arrivant dans le plus grand désordre, précédé et suivi d'une foule de curieux qui rient aux éclats.*

C'est un gredin ! c'est un scélérat... C'est... c'est... ah !... (*Il s'évanouit.*)

GRANDIER.

Ciel !... mon neveu !... (*On avance une chaise, Grandier et les assistants secourent Blésinet.*)

REPRISE DU CHOEUR.

LA FOULE.

C'est un avocat ravissant !
Il a fait rire l'auditoire,
Ah ! quel talent
Divertissant !
Quel avocat réjouissant !

* Grandier, Estelle, Armand, Coquardeau, Brisard, Pitou.

FIN DU DEUXIÈME ACTE.

ACTE III.

Une salle à manger chez Valière. — Porte au fond ; portes latérales. — Une
cheminée dans l'angle de gauche ; une fenêtre dans l'angle de droite. —
Une table ronde au milieu du théâtre. — Siéges.

SCÈNE PREMIÈRE.

ARMAND, ESTELLE, GRANDIER* *(assis et achevant de déjeuner)*,
puis HENRIETTE *et* UN DOMESTIQUE.

CHOEUR.

AIR : *par l'Amitié.*

Ah ! quel plaisir, (*Bis.*)
Un instant séparés à peine,
De res-aisir
La douce chaîne
Que par dépit on voulait fuir !
Ah ! quel plaisir !

*Henriette entre, va au fond et fait signe à un domestique qui vient
l'aider à enlever, sur un plateau, les restes du déjeuner ; il ne
reste sur la table que le thé, qu'Estelle sert.*

ESTELLE.

Et dire que c'est à vous, à vos bons conseils, que nous de-
vons cette douce réconciliation !...

ARMAND.

Et tout cela, de bonne amitié... (*riant.*) sans frais !...

GRANDIER.

Sans frais !.... Eh ! mes amis, ne comptez-vous pour rien ce
charmant déjeuner intime.... et votre joie, votre bonheur ?.....
croyez-moi, je n'ai jamais touché de si jolis honoraires.

ESTELLE.

Mais, j'y pense !..... maintenant que nous sommes séparés
par la justice, n'y a-t-il aucun mal à nous aimer ?...

AIR : *l'Amour qu'Edmond.*

Oui, je conçois votre scrupule :
Mais, entre époux, vous ignorez
Que tout rapprochement annule
Le jugement qui les a séparés.
Or, depuis hier, il me semble,
Tous deux, en petit comité,
Vous avez dû chercher ensemble
Bien des moyens de nullité.

* Armand, Estelle, Grandier.

ARMAND.

Vous avez deviné juste...

ESTELLE.

Oh ! maintenant, rien ne manquerait à mon bonheur... sans la crainte du bruit, du retentissement...

GRANDIER.

Ah ! oui, voilà l'accompagnement obligé de ces sortes de débats... *le Droit* et *la Gazette des Tribunaux*, ces deux trompettes judiciaires, qui sonnent le scandale tous les matins..... mais, est-ce que je n'étais pas là !...

ARMAND.

Auriez-vous encore trouvé le moyen de mettre une sourdine à ces deux trompettes-là ?

GRANDIER.

Précisément... hier, vous vous rappelez avec quelle précipitation je vous quittai... Eh bien ! c'était pour courir aux journaux, et pour faire substituer à vos deux noms, dans le compte-rendu de la séance, deux mystérieuses initiales : monsieur et madame X.

ESTELLE.

Ah ! quel bonheur !... toujours vous !...

ARMAND.

Notre ami !...

ESTELLE.

Notre second père !...

GRANDIER.

Oui, oui..... mais il faut compléter l'œuvre de votre second père..... j'ai fait ce qui dépendait de moi, maintenant à votre tour..... et d'abord, ce matin, une longue promenade aux Champs-Élysées, en voiture découverte.... il faut avoir l'air de vous adorer depuis la place de la Concorde jusqu'à la Porte Maillot... quatre kilomètres d'amour conjugal !

ESTELLE.

Mais les convenances, le monde?...

GRANDIER, *à Estelle.*

Justement, pour faire ce que j'indique, attendez qu'il y ait beaucoup de monde, et, quand vous serez bien sûre d'avoir été remarquée, reconnue...

AIR : *du Piége.*

Laissez-vous tomber dans ses bras,
Comme une femme tendre, aimante...

ESTELLE.

Mais...

GRANDIER, *à Armand.*

Vous, surtout, n'oubliez pas
De presser sa taille charmante.

ESTELLE ET ARMAND.

En public !...

GRANDIER.

Vous désolerez
Plus d'un railleur et plus d'un bon apôtre,
Qui ne pourront vous croire séparés,
En vous voyant aussi près l'un de l'autre.

ARMAND. *

Adopté !... adopté avec enivrement !

GRANDIER.

Ah ! j'oubliais... ce soir, loge à l'Opéra.

ESTELLE.

Toujours adopté !

GRANDIER.

Et quand vous vous serez fait les yeux doux pendant cinq actes... je défie bien le plus perspicace de deviner en vous ce couple farouche qui aura plaidé la veille en séparation pardevant la quatrième chambre.

ARMAND.

Tenez, monsieur Grandier, avec votre système, vous donneriez envie aux époux de plaider... rien que pour se raccommoder ensuite.

ESTELLE.

O merci, merci, notre providence !

GRANDIER, *consultant la pendule.*

Eh ! mais, vous me rappelez que je dois être aussi celle de mon neveu.

(*On se lève ; le domestique entre du fond et enlève le thé ; Henriette sort avec lui.*)

ARMAND.

En effet !... hier, on l'a emporté presque mourant de la salle des Pas-Perdus !...

GRANDIER.

Pauvre garçon !... il a passé une nuit très-agitée.

ESTELLE.

Il est aussi avocat, je crois.

GRANDIER.

Oh ! un avocat... qui n'a pu même gagner sa cause contre la fièvre ce matin..... pourtant il dormait un peu, et je n'ai pas voulu le réveiller... mais il faut que je vous quitte, pour aller voir comment il va.

AIR : *final de Paris qui dort.*

Allons, plus de querelles,
Plus de débats... Adieu !

* Armand, Grandier, Estelle.

Il me faut des nouvelles
De mon pauvre neveu.
Il doit perdre, dans chaque affaire,
Chaque cause qu'il plaidera ;
Mais il est malade, et j'espère
Qu'au moins il en appellera.
Oui, j'espère qu'au moins il en appellera !

ENSEMBLE.

ESTELLE ET ARMAND.

Non, plus de querelles !.
Mon ami, sans adieu.
Pour savoir des nouvelles,
Vous reviendrez dans peu.

GRANDIER.

Allons, plus de querelles, etc.

(Il sort par le fond.)

SCÈNE II.

ESTELLE, ARMAND.

ARMAND.*

Eh bien ! ma bonne petite Estelle, nous voilà seuls... sais-tu que tu ne m'as jamais paru si jolie ? (*Il la fait asseoir et se place auprès d'elle.*)

ESTELLE.

Oh ! mon ami, des compliments !... à moi, ta femme depuis cinq ans !

ARMAND.

Tant que cela ?.... Eh bien ! moi, il me semble que nous ne sommes mariés que d'hier. (*Il l'embrasse.*)

ESTELLE.

Mais pourquoi me refuser toute explication ?...

ARMAND, *vivement.*

Oh ! non, pas d'explication !..... cela gâterait tout..... Tu ne comprends rien, m'as-tu dit, à ces histoires de bague perdue, de canne trouvée ?... eh bien ! ni moi non plus... et je ne demande pas à comprendre..... le beau mérite de se laisser convaincre par des preuves !..... je n'en veux pas d'autre que ta parole.

ESTELLE.

Et ce sera toujours ainsi ?...

ARMAND.

Toujours... et ce sera à peine suffisant pour te faire oublier ma folle jalousie... Tiens ! pour te prouver que je ne suis plus jaloux, (*se levant*) je vais aller chercher la loge en question... une première loge découverte !... hein ! voilà de la confiance !

---

* Estelle, Armand.

ESTELLE.

Tu es charmant !

ARMAND.

Et, puisqu'il faut que je te quitte un instant, je vais m'habiller et je passerai aussi chez mon avocat.

ESTELLE, *se levant.**

N'oublie pas le mien.

ARMAND.

Que j'aille payer un monsieur qui n'aura pas manqué de me dire des sottises !...

ESTELLE.

Ah ! c'est juste, ce n'est pas convenable.

ARMAND.

Écris-lui de passer, sans t'expliquer... et tu le paieras... (*sur le point de rentrer dans sa chambre.*) adieu, ma bonne amie..... adieu, ma bonne petite femme...

SCÈNE III.

LES MÊMES, HENRIETTE.

HENRIETTE, *rentrant du fond et présentant des journaux à Armand.*
Les journaux de Monsieur.

ARMAND.

Donne... je les parcourrai en m'habillant.

HENRIETTE, *présentant un très-gros paquet à Estelle.*
Une lettre pour Madame.

ARMAND.

Ah ! ah ! un billet doux !

ESTELLE, *lui présentant la lettre.*

Tiens, lis.

ARMAND.**

Bonté du ciel ! moi, lire un billet doux de cette dimension !.. non, non, j'ai confiance... je n'ai pas peur d'un amoureux qui se déclare in-quarto.

ESTELLE, *à Henriette.*

Et vous ne savez pas qui a remis ce paquet ?...

HENRIETTE.

Le secrétaire de M. Coquardeau.

ESTELLE.**

Ah ! mes pièces sans doute... (*Décachetant le paquet.*) Non !... un journal... *la Gazette des tribunaux...* Ah ! son plaidoyer... les avocats sont d'un amour-propre !...

---

* Estelle, Armand.
** Estelle, Henriette, Armand.
*** Henriette, Estelle, Armand.

ARMAND.

Ma bonne amie, je te laisse avec l'éloquence de maître Coquardeau... moi, je vais me livrer à celle de maître Brisard...
(*A Henriette.*) Henriette, j'ai besoin de toi... viens.

ESTELLE.

Tu emmènes Henriette?...

ARMAND.

Je vais te la rendre... à tout à l'heure! (*Il sort à droite.*)

SCÈNE IV.

ESTELLE, *seule, s'asseyant et ouvrant le journal.*

Voyons d'abord bien vite si ce journal ne divulgue pas nos
noms et qualités... (*Après avoir parcouru.*) Non... M. et madame X... c'est bien... Excellent M. Grandier!.., Mais, mon
Dieu! que c'est long!... il paraît que nos avocats s'en sont
donné pour... notre argent.... Ah! c'est singulier... partout entre parenthèses... (*On rit.*) (*Mouvement d'hilarité...*) (*Hilarité pro-
longée...*) (*Hilarité générale...*) Je ne savais pas que ce fût si
gai que ça, une séparation... (*Lisant.*) « On rit!... » Ah ça!...
mais, de quoi rit-on? de qui?... (*Elle parcourt à voix basse.*)
Ciel! des plaisanteries sur mon mari!... sur un homme que
j'aime, et dont personne ne s'est moqué impunément!... (*Par-
courant des yeux.*) Ah! c'est affreux!... couvert de ridicule!... et
c'est par mon avocat... (*Se levant.*) Par moi et pour moi!...
J'aurais permis peut-être qu'on l'appelât perfide, monstre, tyran... mais rire de lui!... Oh! n'importe, voyons jusqu'au
bout... (*Lisant à haute voix.*) « Et s'il faut vous parler de la
» fidélité de M. X..., que vous dirai-je?... Que M. X... fait de
» l'infidélité en s'appuyant sur la légalité... Oui, Messieurs, on
» connaît les prescriptions de la loi... on n'oserait entretenir
» dans la maison commune... mais on s'est arrangé pour don-
» ner à madame une femme de chambre, jeune, jolie, accorte...
» Ce n'est pas la maîtresse de Monsieur... fi donc!... c'est la
» soubrette de madame... elle a droit d'être là, toujours, à
» chaque instant, et la loi n'a rien à y voir. » Oh! mon Dieu!
je n'avais jamais eu cette horrible pensée... Et c'est mon avocat, c'est ce journal... Henriette!... la maîtresse de mon mari...
(*Vivement.*) En effet!... que peut-il lui vouloir?... pourquoi
vient-elle d'entrer chez lui?... c'est donc vrai!... Et dire que jamais, aveugle que j'étais, jamais je n'avais soupçonné... (*Pleurant.*) Ah! mon Dieu! mon Dieu!... que je souffre!... (*Elle s'assied.*)

SCÈNE V.

ESTELLE, ARMAND.

ARMAND, *un journal à la main et dans la plus grande agitation.*

Oh! c'est affreux! c'est infâme!... c'est impossible!... et cependant, mon cœur est brisé!.. (*Apercevant Estelle.*) Elle!...

ESTELLE, *même jeu, elle se lève.*[*]

Lui! (*Haut.*) Ah! je croyais que vous étiez sorti.

ARMAND.

C'était mon intention... mais la lecture de ce journal...

ESTELLE.

Et peut-être, quelqu'autre distraction...

ARMAND.

Que voulez-vous dire?

ESTELLE.

Qu'on lit très-mal quand on n'est pas seul... et pour qu'à l'avenir vos lectures vous soient plus profitables, je vous demanderai la permission de renvoyer mademoiselle Henriette.

ARMAND, *étonné.*

Henriette?...

ESTELLE.

Je tiens à ce que vos lectures ne soient plus interrompues.

ARMAND.

J'ignore ce que vous voulez dire, Madame.

ESTELLE.

Mais rien... sinon que je vous demande le renvoi de mademoiselle Henriette.

ARMAND.

Mais je ne vois aucun motif...

ESTELLE.

Vous refusez?... eh bien! soit... Heureusement je connais mes droits à présent!...

ARMAND.

Vos droits, Madame?... et où les avez-vous donc appris?...

ESTELLE.

Là, dans ce journal... qui sait démasquer les traîtres, les maris lâches et infâmes...

ARMAND.

J'ignore, Madame, quelles inspirations vous avez pu puiser dans ce journal... Mais, ce que je sais bien, et ce qu'il faut que vous sachiez aussi... c'est que désormais vous ne sortirez plus seule.

ESTELLE.

Je ne sortirai plus seule?

ARMAND.

Non, Madame.

ESTELLE.

Je sortirai quand il me plaira, et comme il me plaira... et je renverrai mademoiselle Henriette.

[*] Armand, Estelle.

ARMAND.

Encore Henriette !... et pourquoi la renvoyer?...

ESTELLE.

Pourquoi?... parce que c'est infâme, parce que c'est abominable !... parce que... (*Lisant l'article du journal.*) « Parce que..,
» dans la maison commune... on s'est arrangé pour donner à
» madame une femme de chambre jeune, jolie, accorte... »
Comprenez-vous, Monsieur?...

ARMAND.

Oh! quelle indignité !

ESTELLE.

Et c'est Monsieur qui feint d'être jaloux!... c'est Monsieur
qui me défend de sortir seule!...

ARMAND.

Oui, Madame, je vous le défends!... le matin surtout, pour
aller aux bains.

ESTELLE.

Ah! et pourquoi ?...

ARMAND.

Pourquoi? ah! pourquoi?... C'est pourtant très-simple...(*Lisant à son tour.*) « Voyez cette femme qui sort de chez elle à huit
» heures du matin, en demi-toilette, d'un pas furtif et mysté-
» rieux... Quoi de plus naturel, madame va aux bains... Oui,
» c'est vrai... mais dans la maison des bains, habite, par hasard
» sans doute, un certain cousin nommé Gustave de Brégy... »

ESTELLE.

Oh ! quelle horreur !...

ARMAND.

Comprenez-vous maintenant, Madame?...

ESTELLE.

Je comprends, Monsieur, qu'après ce dernier outrage il n'y a
plus qu'une séparation !...

ARMAND.

Une séparation?...mais nous sommes séparés... et légalement
encore !...

ESTELLE.

Une femme de chambre !...

ARMAND.

M. de Brégy !...

ESTELLE.

Adieu, Monsieur...

ARMAND.

Adieu, Madame...

ENSEMBLE.

Air :
C'est pour la vie !
L'âme trahie

Garde à jamais un tel ressentiment,
Et, je le jure,
Oui, cette injure
Va recevoir un juste châtiment !

ESTELLE.

C'est trop d'outrage,
Trop d'esclavage !...

ARMAND.

Pour cette offense,
Plus d'indulgence !

ESTELLE.

Tant d'infamie !...

ARMAND.

De perfidie !...

ESTELLE.

C'est trop de peines !

ARMAND.

Brisons nos chaînes !

REPRISE.

(Estelle sort à gauche.)

SCÈNE VI.

ARMAND, *seul, s'asseyant près de la table.*

O mon Dieu !... j'étais heureux comme un homme qui sort d'un mauvais rêve, qui recouvre sa raison après trois jours de délire... J'avais retrouvé ma femme, mon bonheur, ma vie !... Et c'est ce journal, ce sont ces paroles empoisonnées... *(Froissant le journal.)* Mensonge !... calomnie !... Oh ! oui, quels que soient les égarements de la jalousie, mon estime, mon respect pour ma femme, la défendent encore, la défendront toujours... Et cependant, voyez !... malgré moi je veux continuer... je veux tout lire... dévorer jusqu'au bout ce... *(En disant ces derniers mots, il a lu des yeux ; puis, se levant tout à coup.)* Ah !... ce ne sont plus des insinuations !... c'est de l'insulte ! c'est de l'outrage !... Oser parler ainsi de la femme qui porte mon nom !... Oh ! il me le paiera cher !... Je me séparerai peut-être d'Estelle, je ne la reverrai de ma vie... mais la laisser outrager !... Oh ! non, non, jamais... Mon chapeau !... où est-il ?... où l'ai-je donc mis ?... *(Il sonne.)* Mon chapeau !... Henriette !... Julien ! quelqu'un !... *(Il sonne avec force.)*

SCÈNE VII.

ARMAND, HENRIETTE.

HENRIETTE, *accourant de gauche.*

Que veut Monsieur ?...

* Estelle, Armand.

ARMAND.

Où étiez-vous donc ?...

HENRIETTE.*

J'ouvrais à ce monsieur qui demandait madame, et que j'ai
introduit dans le boudoir.

ARMAND.

Un monsieur ?... quel monsieur?... Gustave de Brégy?... une
canne ?...

HENRIETTE, *reculant.**

Non, Monsieur, pas de canne... M. Coquardeau.

ARMAND.

Au diable !... mon chapeau !...

HENRIETTE.

Mais, Monsieur...

ARMAND.

Je vous chasse!...

HENRIETTE, *pleurant.*

Ah ! Monsieur, ce n'est pas la peine... c'est déjà fait... madame me renvoie !...

ARMAND.

Ah ! alors, je te garde !...

HENRIETTE.

Elle ne peut plus me voir !...

ARMAND.

Je double tes gages!

HENRIETTE, *sanglotant.***

Elle était prête à me frapper !...

ARMAND.

Je t'embrasse !...

HENRIETTE.

Ah ! Monsieur, que vous êtes bon !...

ARMAND.

Non ! je ne suis pas bon, je suis furieux !... Mon chapeau !...
(*On entend sonner.*) Allons ! qui vient là ?... Comment, tu n'as
pas encore ouvert ?..

HENRIETTE.

Mais j'y vais, Monsieur... (*A part.*) Qu'est-ce qu'ils ont donc
tous ?... (*Elle sort par le fond.*)

ARMAND, *cherchant.*

Ce chapeau !... qu'est-il devenu ?... ou l'ai-je fourré ?...

HENRIETTE, *rentrant.*

Monsieur Brisard.

* Henriette, Armand.
** Armand, Henriette.
*** Henriette, Armand.

ARMAND.

Lui!... Ah ! il m'épargne la course... (*Haut.*) Fais entrer, et laisse-nous. (*A lui-même.*) Du calme!... et d'abord... (*Il tire un billet de son portefeuille. Henriette introduit Brisard et sort.*)

SCÈNE VIII.

ARMAND, BRISARD.

BRISARD.

Mon cher client, c'est moi!... (*Allant déposer son chapeau sur la table et voyant le journal.*) Ah !... la *Gazette des Tribunaux....* Vous lisiez?...

ARMAND, *sans se retourner.*

Le compte-rendu de l'affaire... oui, c'est cela que je lisais.

BRISARD.

Eh! bien, avez-vous été content?... Maître Coquardeau avait fait beaucoup rire... Oui, on s'était beaucoup amusé à vos dépens... mais quand j'ai pris la parole... ah ! ce n'étaient plus des éclats de rire, c'étaient des cris d'indignation!... Voilà comme je suis, moi... j'emporte le morceau... Mais venons à ce qui m'amène... avant de lever le jugement...

ARMAND, *allant à lui.**

Permettez d'abord, Monsieur, que je m'acquitte... (*Il lui présente un billet de banque.*)

BRISARD, *se défendant.*

Ah ! c'est mal... Si j'avais prévu... certainement... non, non, rien ne presse; plus tard... (*Reprenant.*) avant de lever le jugement...

ARMAND.

Si vous refusez, Monsieur, vous m'empêcherez d'avoir de nouveau recours à vous, pour une affaire...

BRISARD, *vivement.*

Une autre?...

ARMAND.

Très-grave, qui me survient tout à coup... mais que je ne vous confierai qu'à une condition... (*Il lui présente le billet.*)

BRISARD, *riant.*

Ah ! prenez garde, nous tombons dans l'article 1109... Consentement extorqué par violence... Mais, puisque vous le voulez absolument... (*Prenant le billet.*) Parlez. (*Il s'assied à gauche.*)

ARMAND.

Oh ! une simple consultation... une question qui n'en est pas une pour un homme de cœur... mais qui, en droit, peut cependant être débattue.

---

* Brisard, Armand.

BRISARD.

Tout peut être débattu... Voyons !

ARMAND.

Peut-on, Monsieur, demander raison à un avocat des paroles
qu'il a prononcées à l'audience ?

BRISARD.

Hein ?...

ARMAND.

Répondez !

BRISARD, *à part.*

Bon ! il aura lu la plaidoirie de Coquardeau !... (*Haut.*) Permettez...

ARMAND, *se contenant à peine.*

Ce n'est pas un conseil que je vous demande... c'est une
question que je soumets à un jurisconsulte... En un mot, Monsieur, le barreau est-il inviolable comme la tribune?... l'avocat
comme le représentant?... Oserez-vous le soutenir?... Oh! je
vous entends...

AIR : *Connaissez-vous le grand Eugène.*

Jamais, Monsieur, plus noble ministère
Ne mit au cœur de plus juste fierté ;
De l'avocat, jamais le caractère
Dans ce pays ne fut plus respecté...
Mais si, cherchant la personnalité,
L'un d'eux outrage, insulte ceux qu'il nomme,
Pour celui-là, pas de grâce d'état !
Il doit savoir qu'il redevient un homme,
En dépouillant sa robe d'avocat !

BRISARD.

Dans ces termes... dame !... oui, sans doute, on pourrait...
(*A part, se levant.*) Ah ! ce pauvre Coquardeau... (*Haut.*) Mais,
que diable !... vous prenez les choses... que voulez-vous, c'est
sa spécialité, à ce garçon... il faut qu'il fasse rire... Entre nous,
hier, il n'a pas été fort, et je vous conseille de mépriser...

ARMAND, *d'un ton ferme.*

Je ne méprise rien, monsieur Brisard... et je vous demande
raison...

BRISARD.

Hein !... à moi !...

ARMAND.

Des injures dont vous avez flétri le nom de ma femme !

BRISARD.

Comment ! c'est à moi...

ARMAND.

J'accepte d'avance vos conditions... je n'en mets qu'une...
c'est qu'aujourd'hui même, avant une heure...

BRISARD.[*]

Ah ! c'est trop fort !... Je plaide pour lui, je lui fais gagner son procès, je le sépare de sa femme... et il n'est pas content !.. Il veut me tuer !... Ah ! c'est trop fort !

ARMAND.

Vos armes ?...

BRISARD, *ne l'écoutant plus.*

Ça n'a pas le sens commun !...

ARMAND.

Le lieu ?...

BRISARD.

C'est absurde !...

ARMAND, *criant.*

Me répondrez-vous ?...

BRISARD.

Ah ! mais il crie plus fort qu'un avocat !... Il empiète sur nos priviléges !... je ne dois pas souffrir ça !... (*Criant aussi.*) Eh ! bien, oui, Monsieur, je me battrai !... et à mort !... C'est bête, c'est stupide, mais... à mort !

SCÈNE IX.

LES MÊMES, ESTELLE, *puis* COQUARDEAU, *puis* GRANDIER.

ESTELLE.[**]

Grand Dieu !... un duel !...

COQUARDEAU, *la suivant.*

Hein ?... qu'est-ce que c'est ?... qu'y a-t-il?... (*Brisard, furieux, va s'asseoir au fond.*)

ESTELLE, *à son mari.*

Ah ! de grâce, dites-moi que je me suis trompée !... que j'ai mal entendu !...

ARMAND.

Non, il ne lui sera pas permis de s'abriter derrière son titre pour insulter ceux qui n'ont pas la parole pour se défendre !...

COQUARDEAU, *inquiet.*

Ah ! diable !...

ESTELLE.

Ah ! je comprends, je devine !... (*A Coquardeau.*) Il a lu votre plaidoyer, Monsieur !... vos malheureuses plaisanteries !...

COQUARDEAU.

Comment ! malheureuses ?...

ESTELLE.

Et il veut se venger !... (*A Armand.*) Mon ami !...

---

[*] Armand, Brisard.
[**] Coquardeau, Estelle, Armand, Brisard.

COQUARDEAU.

Il veut me tuer, parce que j'ai fait rire de lui!... *(Haut et avec fierté.)* Monsieur, c'est ma manière de plaider!... je n'en ai pas d'autre!... je n'en changerai jamais!... et j'aimerais mieux être...

ARMAND, *allant à lui.**

Eh! qui vous prie d'en changer, mon cher Monsieur?... J'ai ri le premier de vos plaisanteries, qui sont fort drôles, et qui ne me blessent pas le moins du monde.

COQUARDEAU.

Tiens! tiens!

ESTELLE.

Que dit-il?

COQUARDEAU, *enchanté.*

N'est-ce pas, Monsieur, n'est-ce pas qu'elles étaient... *(A part, regardant Estelle.)* Mes malheureuses plaisanteries!... il s'y connaît mieux que sa femme.

ESTELLE.

Mais, alors... avec qui donc vouliez-vous vous battre?...

BRISARD *(bondissant de sa chaise.)*

Avec moi, Madame!...

ESTELLE, *à part.*

O ciel!... lui!... et c'est pour moi, pour me défendre, me venger!... *(Elle va s'élancer vers son mari, et réprime ce mouvement.)*

BRISARD, *continuant.*

Oui, moi!... son avocat!... son défenseur!... moi, qui lui ai fait gagner la plus détestable cause!... *(Eclatant.)* Car elle était excécrable, sa cause!

COQUARDEAU.

Parbleu!... voilà ce que je disais hier.

BRISARD, *entraîné.*

Ah! que je vous plains, Madame, d'être en butte aux soupçons, aux accusations d'un pareil tyran!...

ARMAND.

Que dit-il?...

COQUARDEAU, *à part.*

Tiens! il me prend mon plaidoyer!

BRISARD, *s'animant.***

Et à propos de quoi, grand Dieu!.. car c'est honteux à dire... à propos d'une canne trouvée dans un boudoir!... Mais, des cannes, on en trouve partout... j'en ai trouvé jusqu'à quatre chez ma femme!... Est-ce que j'ai été m'imaginer... Ah! quel pitoyable argument!...

* Coquardeau, Armand, Estelle, Brisard.
** Armand, Coquardeau, Brisard, Estelle.

ARMAND.*

Mais c'était le vôtre, hier!...

BRISARD.

Eh! Monsieur, hier, je plaidais!... Et quelle sottise encore!... parce que Madame va aux bains!... Qui est-ce qui ne va pas aux bains?... Qu'est-ce que ça prouve?... ça a-t-il du bon sens?...

ARMAND.

Mais vous disiez hier!...

BRISARD.

Eh! hier, je plaidais!... S'en aller dire aux juges que dans cette maison des bains loge un monsieur de Brégy!... D'abord, il loge à cent pas de là... (*Mouvement d'Armand.*) J'ai eu assez de peine à me le procurer!... Et quel Brégy!... le grand-oncle de l'autre!... un ancien notaire honoraire, grêlé et goutteux!... (*Avec indignation.*) Mais, pour admettre, pour concevoir de pareilles choses, quelle imagination est donc la vôtre?...

ARMAND, *se levant.*

Mais c'est vous!... vous!...

BRISARD.

Eh! je plaidais!

GRANDIER, *paraissant au fond et s'arrêtant.*

Hein?... que se passe-t-il donc?...

BRISARD, *continuant, avec une émotion croissante.***

Mais regardez donc, Monsieur, regardez donc ce front, ces yeux, qui semblent défier la calomnie elle-même!... Quoi! malheureux! c'est dans la famille la plus respectable que vous avez pris cette jeune fille, élevée dès son enfance dans les principes les plus purs, environnée des exemples les plus édifiants!... Quoi! depuis cinq ans qu'elle a le malheur de vous appartenir, elle vous a donné les témoignages de l'amour le plus vrai, du dévouement le plus tendre, de la fidélité la plus inattaquable... et c'est sur de pareils indices!... Mais, à la place de ces soupçons ridicules, de ces imputations misérables, mettez des preuves.... oui, Monsieur, oui, des preuves claires comme le jour... et je dis que ces preuves, que l'évidence elle-même ne sauraient prévaloir contre vingt années d'honnêteté et de vertu!... Allez, allez! elle est un ange, et vous êtes un ingrat! (*Il s'essuie le front.*)

GRANDIER, *au fond*, (*à part.*)

Bravo!

ARMAND, *ému*, (*à part.*)

Oui, il a raison!... mille fois raison!... et cependant... Mais hier, Monsieur, hier, vous disiez!...

____

* Armand, Coquardeau, Grandier, Brisard, Estelle.
** Coquardeau, Armand, Grandier, Estelle, Brisard.

BRISARD.[*]

Eh ! morbleu ! je plaidais !

GRANDIER, *s'avançant.*

Et vous plaidez aujourd'hui beaucoup mieux qu'hier, mon confrère.

BRISARD.

Grandier !...

ARMAND.

Vous étiez là ?...

ESTELLE, *courant à lui.*

Mon ami ?... empêchez ce duel, je vous en prie !

GRANDIER.

Un duel !... et avec qui ?...

BRISARD, *se montrant.*

Voilà !

GRANDIER.

Comment ! vous battre avec mon confrère Brisard !... Et pourquoi donc ?...

BRISARD.

Pour mes paroles d'hier...

ARMAND, *avec dignité.*

Que celles de tout à l'heure viennent de racheter, Monsieur...

BLÉSINET, *en dehors.*

M. Grandier est là ?... c'est bien... annoncez Blésinet, avocat à la Cour.

TOUS.

C'est lui !

SCÈNE X.

LES MÊMES, BLÉSINET, *introduit par un domestique.*

BLÉSINET.[**]

Madame...

TOUS, *l'entourant.*

Eh bien ?...

COQUARDEAU.

Ton indisposition ?...

BRISARD.

Votre évanouissement ?...

GRANDIER.

Ta fièvre ?...

---

[*] Coquardeau, Armand, Estelle, Grandier, Brisard.
[**] Coquardeau, Armand, Blésinet, Grandier, Estelle, Brisard.

BLÉSINET.

Plus rien.... radicalement remis.... mais hier !..... ah ! mon oncle ! ah ! mes amis !...

GRANDIER.

Mais que t'est-il donc arrivé d'extraordinaire ?...

BLÉSINET.

J'ai plaidé !

GRANDIER.

C'est juste... mais encore ?...

BLÉSINET.

Ah ! quelle audience dramatique !.... Le Président me donne la parole..... je me lève, la tête en feu, la bouche sèche, les mains crispées..... il me passe un nuage devant les yeux, et il me semble que les bonnets des juges dansent une scotisch effrénée..... j'attends qu'ils aient repris leur place, je finis par arracher de mon larynx un son guttural... quelque chose qui n'a rien de commun avec la voix humaine..... et enfin je parviens à commencer..... je raconte à la Cour la jeunesse innocente et champêtre de mon scélérat..... ça allait bien, j'étais lancé..... quand le misérable m'interrompt, pour dire qu'il a passé sa blonde enfance à voler des pruneaux chez les épiciers !... (*mouvement.*) juste !... voilà le mouvement qui se manifeste dans l'auditoire...— « Oui, m'écriai-je, avec un à-propos admirable, oui, messieurs !... mais plus tard, quel repentir !... comme il a racheté ses premières fautes ! (*d'une voix sourde.*) — J'ai passé des pruneaux aux pains de sucre, murmure l'incorrigible coquin !.... » — J'étouffe sa réplique sous un hum ! hum !... je vois que le moment est venu de faire de l'effet sur les femmes, d'arracher quelques larmes à l'auditoire..... je récite, d'une voix brisée par l'émotion, le quatrain de mon scélérat :

Ah ! que mes peines sont cruelles !
Captif, je manque d'air,
Et les amours brisent leurs ailes
Sur mes barreaux de fer !...

Il s'écrie que les vers sont de moi, et qu'ils sont *mouche !*..... je cherche mon second quatrain... je ne le trouve plus !... ma foi, je prends le parti de sangloter... quand on ne sait plus que dire, on sanglotte toujours..... (*d'une voix sourde.*) — « Coupe tes moustaches, marmotte mon brigand..... » Ce mot est un coup de foudre pour moi !..... je me mouche pour cacher ce détail, et je continue derrière mon mouchoir... mais, à chaque phrase, à chaque mot, à chaque sanglot qui m'échappe..... « Coupe donc tes moustaches !..... » répète l'abominable coquin... je lui lance un regard courroucé... là-dessus, il me coupe insolemment...

BRISARD.

Les moustaches ?...

BLÉSINET.[*]

Non, la parole... pour raconter ses ignobles exp'oits... vol
ici... vol chez moi... chez moi !... oui, mon oncle, cette canne...

ARMAND, *vivement.*

Eh ! mais !... je l'avais oubliée !... quoi ! vous sauriez maintenant...

BLÉSINET.

Parbleu !... cet inconnu, cet étranger, venu sous prétexte de
me consulter, c'était... il ne vient qu'un plaideur, un seul chez
moi, et c'est un voleur ! .. c'était mon client, qui avait dérobé
ma canne... ma tête de cerf... et mes cornes ciselées... et qui
l'avait oubliée chez vous, après vous avoir volé...

ESTELLE.

Des bijoux !... une bague !...

BLÉSINET.

Juste !.... il s'en est vanté.... en me riant au nez.... en pleine
audience !.... ah ! pour le coup, indigné, furieux, hors de moi,
je me retourne vers lui : « Scélérat ! m'écriai-je, brigand !.... tu
mérites cinq ans de galères !... » Le Président me fait observer
avec douceur que je le défends mal... je me trouble, une sueur
froide m'inonde, ma parole s'éteint, mes yeux se ferment, et...
vous avez vu le reste.

GRANDIER.

Oui, ce matin, dans le journal... ton client est condamné.

BLÉSINET.

A cinq ans ?..... mon gredin en a pour ses cinq ans ? ah ! je
suis heureux !

ARMAND.[**]

Et je vous rends votre canne.

BLÉSINET, *s'en emparant.*

Oh ! chère petite tête !

ARMAND, *embrassant Estelle.*

Ma chère petite femme !...

GRANDIER.

Va, mon neveu, ne te décourage pas... tu as perdu ta cause...

BLÉSINET.

Et j'en suis fier, mon oncle !

GRANDIER.

C'est la première bataille du conscrit... qui gagnera plus tard
les épaulettes de général.

BRISARD.

Comme vous, notre illustre confrère..... dont je suivrai les
conseils .. je ne veux plus être l'avocat mordant.

[*] Coquardeau, Blésinet, Armand, Estelle, Grandier, Brisard.
[**] Armand, Estelle, Coquardeau, Blésinet, Grandier, Brisard.

COQUARDEAU.

Je ne veux plus être l'avocat pour rire.

BLÉSINET.

Je ne veux plus être... l'avocat sans causes.

CHŒUR.

AIR :

Dans le monde où nous sommes
Plus de tristes débats,
Quand on verra les hommes
Se passer d'avocats.

BLÉSINET, *au public.*

AIR : *Du Vaudeville de l'Anonyme.*

Pendant qu'on joue une pièce nouvelle,
Et que les faits ici sont exposés,
L'auteur, suspect d'action criminelle,
S'assied tremblant au banc des accusés.
Le nôtre a peur, et pourtant il espère...
Il doit gagner sa cause avec succès :
Car il envoie aux juges du parterre
Quatre avocats pour plaider son procès !

LES AVOCATS.

Quatre avocats, plaidant la même affaire,
Ne peuvent pas, Messieurs, perdre un procès.

FIN.

Poissy. — Typographie Arbieu.

www.ingramcontent.com/pod-product-compliance
Ingram Content Group UK Ltd.
Pitfield, Milton Keynes, MK11 3LW, UK
UKHW020037100726
13658UKWH00003B/1376